Manual de Seguridad Manejo de Crisis

Rafael Darío Sosa González

CONTENIDO

INTRODUCCIÓN

En medio de realizar procesos de contingencia que sean más eficientes y eficaces en su cotidianidad, se establecerá por medio de este Manual de Manejo de Crisis labores sociales, humanas, técnicas y profesionales pueden llegar a presentar una serie de riesgos, amenazas, vulnerabilidades y carencias en sus actividades a corto, mediano y largo plazo; a lo cual nos debemos anticipar. Lo anterior, atañe directamente en los procesos comunicacionales con respecto a los diversos públicos con que se tienen interacción, tanto al interior como al exterior de la cualquier organización.

Partiendo de la presunta existencia de estas amenazas y situaciones de crisis en todos y cada uno de los ámbitos, así como la determinada afectación que se genera en el funcionamiento de los equipos de trabajo, es necesario tener la autonomía y capacidad de ejecución, para responder con suma diligencia la necesidad, entender las solicitudes, comunicar los logros, avances y proyectos.

Un Manual de Manejo de Crisis, es un compilado de estrategias, procedimientos y líneas de acción para el mejor manejo comunicacional de escenarios de crisis; en el cual se ponen de manifiesto y se entrega, además, orientaciones para la consolidación de una vocería definida para la entidad, alineada de forma adecuada con los mensajes institucionales.

Por tal razón se debe desarrollar un programa de Manejo de Crisis de la manera óptima, acorde a las situaciones de crisis que se desarrollen al interior y que puedan afectar las relaciones la seguridad, en procura de mencionar los agentes internos y externos y demás instituciones públicas y privadas del orden local, regional o nacional. Por tanto, se hace conducente poder contar con un manual de manejo de crisis desde la comunicación, para facilitar así una respuesta rápida, efectiva, responsable, organizada, clara, contundente y estratégica que permita minimizar los efectos negativos que puedan recaer sobre la imagen y la reputación de la cualquier empresa.

En él se deben definir inicialmente como proteger las vida, bienes y honra; sin embargo, incluso algunas de las crisis se pueden convertir en un factor que puedan fortalecer el accionar de la institución, claro está, de acuerdo al manejo que se le dé a las mismas. Así, mismo el nivel de respuesta ante situaciones de crisis, debe ser cuidadosamente planeado con investigación, planificación, claridad en el objetivo y definición de protocolos.

Lo anterior, demuestra la importancia que dan los diversos autores citados a las consecuencias y efectos que pueden llegar a tener estas crisis comunicacionales en las entidades, haciendo especial énfasis en el peligro que se corre para la reputación e imagen de la institución u organización en cuestión, dentro de la opinión pública y los medios de comunicación como replicadores y creadores de la misma.

Resaltando además que dentro de la identificación de estas situaciones que pueden generar crisis, se vuelve necesario comprender que una de las primeras consecuencias de una crisis es la parálisis que sobreviene a cualquier cambio en la estructura normal de la organización. A medida que avanza el conflicto, tanto los funcionarios como los empleados pierden la capacidad de dilucidar si los resultados serán funestos o si, por el contrario, se pueden controlar.

En dicho manual, se describe el planteamiento general para el abordaje de una crisis, así mismo se detallan el diseño y las acciones específicas, según los factores de riesgo identificados en un previo análisis de riesgos; por lo que, teniendo en cuenta lo anterior, buscando ofrecer una guía para actuar de forma eficaz y eficiente ante una crisis.

1

EL GERENTE Y LA EMPRESA

Definición

La palabra gerente no tiene el mismo contenido ni se refiere a la misma figura dentro de la empresa en las diferentes culturas y en los distintos países. El gerente, en términos de organigrama, es el *gran jefe,* la máxima autoridad por debajo del Consejo de Administración, el Consejero Delegado o el Empresario- dueño de la sociedad o el negocio.

En este trabajo vamos a dar unas pinceladas sobre esta cuestión y tratar de aclarar algo los contenidos del campo de actuación de esas diversas acepciones del término *gerente*. Pero, eso sí, teniendo en cuenta que sobre esto no hay nada especificado normativamente

ni existe unanimidad en la concepción de los organigramas. Rige una libertad total a la *inventiva* de los responsable de la organización de las empresas. Por este motivo, no habrán de tomarse literalmente nuestros comentarios que obedecen, básicamente, a lo más usual en el mundo de la empresa.

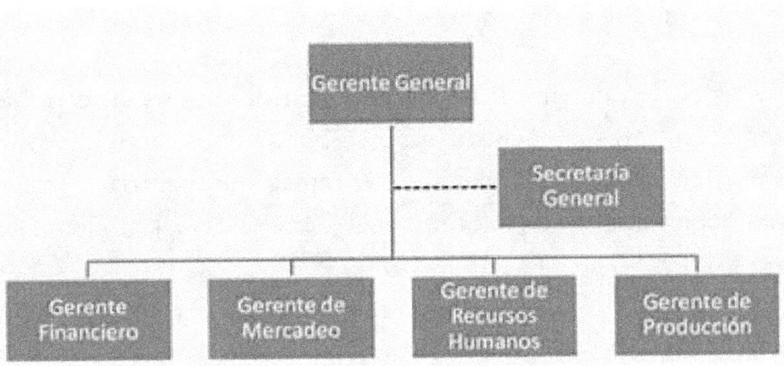

Existe unanimidad en el hecho de que, por debajo del Consejo de Administración o del Empresario o Empresarios, normalmente Administradores de la Sociedad, haya una persona como máximo responsable. Los **organigramas** suelen ser piramidales y terminan en un *vértice o pico*. Este representa a ese máximo responsable que, en bastantes ocasiones y en empresas medianas y grandes, puede tener una o más personas interpuestas entre él y el Consejo o el Empresario-dueño de la empresa o negocio de que se trate.

Estaríamos así en el supuesto de uno o más **Consejeros Delegados** del Consejo de Administración. Ese **máximo responsable** suele denominarse habitualmente:

- Gerente
- Director Gerente
- Director General

Éstas serían figuras sinónimas con funciones idénticas en la cumbre del organigrama. Pero, a partir de ahí y bajando un peldaño en ese organigrama, nos encontraríamos con las siguientes áreas o departamentos, salvando las posibles diferencias entre unas y otras empresas y la mayor o menor agregación de las mismas:

- Producción o Fabricación
- Administración, Finanzas y/o Económico- Financiero
- Recursos Humanos o Personal
- Marketing y/o Comercial o Ventas

Estas suelen constituir las **cuatro grandes áreas** susceptibles de dividirse en otras e incluso, según el tamaño y actividades de la empresa, en desgajar algunas de sus ramas que pasaría a formar su propio departamento o área funcional. Sería el caso, por ejemplo, de:

- Ingeniería
- Proyectos

- Oficina Técnica
- Dirección Técnica
- Planificación
- Contabilidad
- Compras
- Almacenes
- Delegaciones
- Relaciones Públicas
- Control de Calidad

Pues bien, volviendo al uso del término gerente, lo habitual en aquellas empresas en que no se reserva en exclusiva para el máximo responsable, es que se asigne más o menos así:

- Gerente de Producción o de Fabricación
- Gerente de Administración, de Finanzas o Económico-Financiero
- Gerente de Ventas o Comercial
- Gerente de Personal o de RRHH
- Gerente de Marketing

Y ya, en menor medida, aunque pueden existir puntualmente otras denominaciones:

- Gerente de Proyectos
- Gerente de Ingeniería
- Gerente de Compras

En base a lo anterior, vamos a tratar de señalar resumidamente el campo de actuación o de **responsabilidad y autoridad** de cada una de esas denominaciones, dentro de la empresa y salvando las diferencias que puedan darse entre unas y otras. Repetimos que no hay nada regulado sobre esto, salvo los usos y costumbres que vienen rigiendo la vida de las empresas desde hace muchos años, sujetos siempre a la lógica evolución de los tiempos y de las modas.

GERENTE DE PRODUCCIÓN

A veces se le denomina de **Fabricación**. Esto tiene que ver bastante con la actividad, manufacturera o no, de la empresa. El término Producción es más amplio y sirve tanto para empresas fabriles, como comerciales y de servicios.

El Gerente de Producción es el máximo responsable de la parte de la empresa que desarrolla la actividad que le es propia, a la que la empresa se dedica. Podrá ser fabricar algo, vender, prestar determinados servicios, distribuir productos o cualquier otra. Esa actividad o actividades es la que Producción ha de sacar adelante. Sin Producción no hay empresa. Todo lo demás, teniendo importancia muy grande, es colateral y está al servicio o es complemento para llevar a cabo la actividad o actividades que son la razón de existir de la empresa.

Independientemente de cómo se estructure ese departamento internamente, diversas **funciones o áreas** le son propias. Podría ser el caso de:

- Planificación
- Oficina Técnica
- Métodos y tiempos
- Talleres
- Secciones productivas
- Administración de la producción
- Almacenes de materias primas
- Almacenes comerciales
- Almacenes de productos terminados
- Mantenimiento
- Control de Calidad

Bajo el **mando y supervisión del Gerente de Producción** estarían aspectos de la vida de la empresa tales como:

- La maquinaria y las instalaciones de la empresa o de los talleres
- Los procesos de producción o fabricación, en empresas manufactureras.
- Los procesos comerciales o de prestación de servicios, en empresas no fabriles.
- El mando y gestión del personal a su cargo
- El flujo y distribución de las materias primas y de los materiales o mercancías dentro de la empresa.
- Los métodos de trabajo
- La planificación de la producción
- La gestión de los procesos de producción o fabricación
- La gestión de los productos semiterminados y terminados
- El control de stocks y la gestión de almacenes
- El control de calidad de la producción
- Los servicios de mantenimiento y reparación.
- La investigación e innovación tecnológica
- El diseño de productos o servicios
- La prevención de riesgos laborales
- La protección del medio ambiente en la empresa

Todas estas funciones, van conformando una idea de lo que ha de ser objeto del trabajo de un Jefe de Producción. Ese trabajo comporta la aplicación de **conocimientos, experiencias y factores** de naturaleza:

- Técnica
- Económica
- Mando
- Psicología Industrial y Laboral
- Dirección

GERENTE DE VENTAS

Se le denomina, en otros casos, como **Gerente o Director Comercial**. Su campo de actuación se dirige hacia la colocación de los productos o mercancías, que la empresa fabrica o simplemente comercializa, en los mercados. Depende, por tanto, de él toda la estructura comercial de la empresa. En ocasiones, integra en su campo las actividades de marketing y de estudio o prospección de mercados. También las de publicidad. Esto conlleva **funciones tales** como:

- La investigación comercial o de mercados
- El marketing
- La planificación comercial
- Las previsiones de ventas
- El análisis de los precios
- La formación de vendedores y comerciales
- Las políticas y técnicas de promoción de ventas
- La distribución
- Publicidad
- Organización de la red de ventas
- Gestión de la comercialización
- Estudio y conocimiento de la competencia

El Gerente de Ventas es otra pieza clave en el organigrama de la empresa. **De nada vale** fabricar o disponer de buenos productos para la venta o servicios para prestar **si no se venden o no se saben vender**. El Gerente de Ventas mira al **cliente**, lo busca y está próximo a él. Vive del cliente. Por eso, lo tiene que cuidar y tratar. Lo debe de fidelizar. Y siempre, estará buscando nuevos clientes, abriendo campos nuevos y horizontes que vayan asegurando el mañana, el futuro.

También ha de desarrollar **funciones y experiencias** de:

- Gestión de su personal
- Organización

- Mando
- Dirección
- Económicas
- Conocimiento técnico de lo que ha de vender

GERENTE DE ADMINISTRACIÓN O FINANZAS

A veces se le denomina **Gerente o Director Económico-Financiero**. Este ámbito del organigrama es muy amplio y diverso en funciones y tareas. De hecho a veces se subdivide y separa en:

- Administración
- Finanzas o Económico- Financiero
- Contabilidad

O integra otras como:

- Personal o RRHH
- Auditoría Interna
- Controler
- Servicios Generales
- Informática

En cualquier caso, su campo es el de toda la Administración de los recursos humanos y materiales, los que al final acaban concretándose en recursos económicos y documentos o justificantes en soportes papel o informatizado. Dicha Administración puede tener unos límites muy amplios, casi adentrándose en el de Producción, Comercialización y otros, o puede tenerlos muy restringidos.

En el primer caso, incorporaría toda la gestión económica y de personal de los demás departamentos. En ese caso aquellos, se limitarían a sus funciones técnicas, comerciales, etc. En el segundo, estas funciones se realizarían en esos departamentos, limitándose Administración a su control a través de las grandes funciones de Tesorería, Contabilidad, Personal, etc.

Sea como sea, son habituales entre las **tareas y funciones** del Gerente de Administración o Finanzas:

- Contabilidad
- Costes
- Gestión y previsión de tesorería
- Cobros y pagos
- Relación con clientes y proveedores
- Administración general
- Gestión de los RRHH
- Elaboración y control de presupuestos
- Auditoría Interna
- Relaciones Laborales
- Relación con asesorías externas fiscales, contables y/o laborales
- Selección de personal
- Política salarial

Como en los casos anteriores, el Gerente de Administración o Finanzas deberá desarrollar **experiencias y actuaciones** de índole:

- Económicas y financieras
- Mando
- Dirección
- Gestión de personal

GERENTE DE MARKETING

Este puesto, cuando existe y no está contenido dentro del ámbito del Gerente de Ventas o Comercial, cubre el campo de actuación de una actividad de la empresa destinada a facilitar el camino de la venta. El marketing tiene su razón de ser en llegar a abrir nuevos mercados o ampliar los existentes. Estará constituido por las técnicas y métodos que se utilicen para alcanzar esa finalidad.

Por tanto, llevará consigo **actividades tales** como:

- Conocimiento de los productos o servicios objeto de la actividad de la empresa
- Conocimiento del mercado y del sector en que opera la empresa
- Prospección o investigación de mercados
- Técnicas de marketing
- Estudios de mercado de nuevos productos
- Análisis de la competencia
- Prospección de ventas para fijar volúmenes de fabricación o compras
- Estudios de puntos débiles y fuertes de la empresa

Si bien el marketing va dirigido, fundamentalmente, al apoyo de la venta y a que ésta vaya en la dirección más adecuada, ofrece a la dirección muchos datos que le sirvan para la toma de decisiones estratégicas y para corregir el rumbo. Pensemos en el lanzamiento o no de nuevas líneas de producción o de actividad, en la necesidad de nuevas campañas de publicidad o en la de comprimir los costes de producción ante el distanciamiento de los de la competencia. Debiera ser el Gerente de Marketing un buen colaborador del Gerente de Ventas y del Gerente de la empresa.

GERENTE DE PERSONAL O RRHH

Cuando existe esta figura en el organigrama de la empresa, se la atribuye todo el campo de acción de lo relativo a la **gestión del personal en sentido amplio**. Desde captar o recoger las necesidades de contratación de nuevo personal hasta el despido o baja del mismo, pasando por la gestión de los recursos humanos en forma permanente, todo esto es materia única de esta gerencia.

Así, tendrá como **funciones o tareas** habituales:

- Selección de personal
- Contratación de personal
- Recepción y acogida de nuevos trabajadores
- Formación del personal
- Organización del personal dentro de la empresa
- Valoración de tareas
- Sistemas de remuneración del personal: salarios y primas
- Expedientes del personal
- Administración de salarios
- Comunicación interna
- Relaciones Laborales
- Convenios colectivos
- Resolución de conflictos laborales
- Gestión de RRH: altas y bajas
- Servicios complementarios: comedores, servicios médicos, etc.
- Relación con Mutuas de Accidentes y similares
- Normas y reglamentos de régimen interior
- Despidos de personal

Como conclusión de este breve análisis de las diferentes figuras de *gerentes* dentro del organigrama de la empresa, debemos de citar lo que es un problema que recae sobre la Gerencia o Dirección General de la misma. Nos referimos a la **necesaria coordinación de todos ellos.** Aunque esto enlaza ya con otros trabajos publicados en nuestra web, no podemos dejar de recordar que sólo la unión hace la fuerza.

El Gerente o Director General habrá de lograr que esos distintos gerentes, que tienen a su cargo áreas o departamentos funcionales amplios e importantes, han de **funcionar:**

- Unidos
- Coordinados
- Persiguiendo los mismos objetivos comunes
- Sin hacer *grupitos o camarillas*
- Dialogantes
- Conocedores de la actuación de los demás
- Sin creerse, cada uno, el más importante

Todo esto ha de vigilarlo el Gerente o Director General, tratando de **motivar y formar equipo,** informando y delegando, sacando buen partido a las **reuniones** que periódicamente, formales o informales, celebre con todos y cada uno de ellos. Si no lo hace o no lo logra, pondrá en peligro la estabilidad de ese buque que es la empresa. Y entonces, ésta se escorará a babor o a estribor, pudiendo ir hacia el desastre. Si lo hace y lo logra, navegará por aguas tranquilas, pudiendo alcanzar así todas sus metas.

2

MANEJO DE CRISIS

Definición

Se define a las crisis organizacionales como contextos inesperados que alteran la normalidad de la empresa o institución y que pasan a ser del dominio público, representan una amenaza para la reputación de la misma; estas crisis afectan físicamente a la totalidad del sistema

DEFINIENDO UNA CRISIS

Emergencias. Pueden ser definidas como circunstancias inesperadas combinadas para crear situaciones que requieren acción inmediata. Aunque las emergencias son más serias que las situaciones de rutina, estas son menos graves que contingencias, crisis, catástrofes y desastres.

Contingencia. Es una emergencia que casi todo el mundo conoce que es posible pero no esperada. Como las emergencias, las contingencias son más graves que las emergencias y pueden ser: Inundaciones, terremotos, disturbios civiles, paros laborales.

Crisis. Puede ser definida como un inestable período de tiempo o estado de eventos, cuyo resultado marcará la diferencia; algunos ejemplos pueden ser: explosiones de bombas, sabotaje, extorsión, secuestro, acciones terroristas.

Catástrofe. Es otra categoría de eventos extraordinarios, puede ser definido como un evento trágico de significancia, que va desde la extremada mala suerte hasta la ruina o destrucción total.

LA DINÁMICA DE LA CRISIS

Desde el punto de vista del Gerente, la dinámica de la crisis es manejada por tres problemas principales, los cuales pueden ser resumidos así:

Desmoronamiento. Una crisis es primero que todo una avalancha repentina de un impresionante número de problemas. La señal más frecuente de este desplome es la saturación de las redes de comunicación, los conmutadores telefónicos se bloquean, y contradicciones extremas aparecen en todo sentido.

Confusión. Enfrentada con esa excesiva cantidad de problemas, la organización descubre que los métodos de operación ordinaria son insuficientes para la tarea por cumplir. Contradicciones y efectos inesperados atacan los pasos dados para estabilizar la situación; los mecanismos de respuesta existentes se congelan.

Ruptura. Las dificultades crean barreras absolutas. Los problemas se aglutinan juntos en un bloque y las contradicciones crecen y se multiplican. El margen para maniobrar se reduce a cero.

El desmoronamiento y como consecuencia de éste la confusión y ruptura, convierten en frágiles e impotentes a los actores involucrados, estos tres procesos se combinan para producir la dinámica de la crisis.

La combinación de estos tres fenómenos provoca el colapso general.

OBJETIVOS DE LA GESTIÓN DE CRISIS

- Reducir la tensión durante el incidente.
- Demostrar compromiso y experiencia del corporativo.
- Controlar el flujo y seguridad de la información.
- Manejo de recursos de forma efectiva.
- Identificar las señales de advertencia.
- Mitigar el daño.

Para comprender los "como" y los "porqué" de la gestión de crisis es necesario establecer algunos conceptos previos:

¿Porque es necesario "MANEJAR LAS CRISIS"?

LA MARCA

Personalidades vip, Empresas, Productos, Proyectos, Sistemas...

Las prioridades del manejo de crisis son:

El manejo estratégico de la información y las comunicaciones ante situaciones que puedan amenazar a la marca y/o lesionar sus atributos.

1. **EL PROTOCOLO DE GESTIÓN DE CRISIS**
   LA UNICA FORMA DE HACER MANEJO DE CRISIS ES TENER UN PLAN BASE PARA TODOS LOS CASOS

2. **ALGUNOS CONCEPTOS.**

   Tener un protocolo escrito y socializado.

   Comité reducido (no más de 5 – 1 controlador).

   Vías de comunicación estables y 7 x 24.

   No entrar en pánico.

   Capacidad de reacción rápida.

   Definir específicamente el objetivo.

   Evaluación y control constante.

   Tener un índice… (Colores, defcon, números).

3. **LA FORMULA**

   Detectar a tiempo la situación.

   Recopilar rápido la información y versiones, convocar comité.

   Establecer escenarios y definir estrategia.

   Anticipar signos del dead point.

   Una explosión administrada es mejor que una espontánea.

   Si el tema va a "estallar", hay que salir de inmediato "a la cancha".

   Si no lo pudimos anticipar y "estalla" sin señales previas, el factor crítico es la rapidez para enfrentar el tema.

   No cambiar la estrategia, sólo eventualmente el plan.

Nunca auto castigarse.

Si el tema es crítico y la explosión se desató, hacer un "sacrificio".

Gestos más que explicaciones.

4. LAS ESTRATEGIAS

Definir específicamente contra qué aspecto de la marca atenta la crisis.

Basar la estrategia en las "22 Leyes de la Marca" (AL RIES & LAURA RIES -Mc Graw Hill – 2000)

No agregar temas nuevos.

Focalizar.

Abrir las puertas a los medios, no intentar contener pre dead point.

Establecer una "verdad oficial".

Establecer los flancos y blindar los débiles.

Determinar las fragilidades y anticiparse a su quiebre.

Buscar alianzas en la primera fase.

Identificar al enemigo y sus potenciales alianzas.

Mantener monitoreo sobre los medios y sus actores.

Controlar los espontaneísmos.

5. GESTIÓN DE CRISIS Y PLANIFICACIÓN DE CONTINGENCIAS

El objetivo principal de una planificación completa de la seguridad es reducir la exposición a las pérdidas de modo rentable y práctico. Además, todas las organizaciones comerciales deberían desarrollar planes de contingencia, adecuados a su actividad, para facilitar una respuesta rápida y controlada en caso de que se produzca un incidente serio.

6. PLANIFICACIÓN DE GESTIÓN DE CRISIS

El desarrollo de una estrategia de gestión de crisis corporativas para altos cargos directivos con el fin de garantizar que haya una respuesta rápida, profesional y coordinada a un incidente grave. Este proceso incluye la preparación de manuales de gestión de crisis y técnicas para atender las solicitudes de los medios de comunicación y el público.

CRISIS

Definición

Una crisis generalmente se refiere a una situación difícil o peligrosa que requiere una acción inmediata. Puede ser tanto a nivel personal como en un contexto más amplio, como crisis económicas, de salud o de otro tipo. El manejo efectivo de una crisis implica tomar decisiones rápidas y estratégicas para minimizar el daño y encontrar soluciones.

Puede ser definida como un inestable período de tiempo o estado de eventos, cuyo resultado marcará la diferencia; algunos ejemplos pueden ser: explosiones de bombas, sabotaje, extorsión, secuestro, acciones terroristas.

Se define a las crisis organizacionales como contextos inesperados que alteran la normalidad de la empresa o institución y que pasan a ser del dominio público, representan una amenaza para la reputación de la misma; estas crisis afectan físicamente a la totalidad del sistema

Las crisis pueden clasificarse de diversas maneras según su origen o impacto. Algunas clasificaciones comunes incluyen:

1. Según el Origen:

- **Naturales:** Terremotos, huracanes, etc.

- **Humanas:** Conflictos, crisis políticas, etc.

2. Según el Impacto:

- **Económicas:** Recesiones, crisis financiera.

- **Sociales:** Tensiones sociales, desigualdades.

- **Ambientales:** Problemas relacionados con el medio ambiente.

- **Sanitarias:** Epidemias, pandemias.

3. Según la Duración:

- **Agudas:** De corta duración, pero intensas.

- **Crónicas:** Persistentes o de larga duración.

4. Según el Alcance:

- **Individual:** Afecta a una persona.

- **Comunitaria:** Afecta a una comunidad o grupo.

- **Global:** Afecta a nivel mundial.

Cada clasificación ofrece una perspectiva diferente para entender y abordar distintos tipos de crisis.

Existen varias clases de crisis, algunas de las cuales incluyen:

1. Personal: Problemas individuales que afectan a una persona

2. Financiera: Problemas económicos a gran escala.

3. Crisis de Salud: Epidemias o pandemias que afectan la salud pública.

4. Natural: Desastres naturales como terremotos, inundaciones, o incendios.

5. Política: Inestabilidad o conflictos en el ámbito político.

6.Ambiental: Amenazas a la salud del medio ambiente.

7.Tecnológica: Problemas relacionados con la tecnología y la ciberseguridad.

Características de una crisis

Sorpresa. Una de las características más complejas de las crisis en las diversas entidades, es la inmediatez y la sorpresa con las que se presentan éstas, afectando a éstas como dependientes de las instituciones.

Falta de información. Dentro de una crisis es común que la falta de previsión antela situación crítica se identifique en la ausencia de información entre los funcionariospara dar respuesta y actuar. Por lo cual se redunde en respuestas no adecuadas yprocedimientos no encausados en la búsqueda de una solución pertinente.

La escalada de acontecimientos. Es previsible que una crisis pueda desembocar en una serie de acontecimientos y situaciones que pueden tornarse críticos sin el adecuado seguimiento. Pueden ser tanto consecuencias de la crisis inicial, como situaciones aisladas que se vuelven visibles por el contexto.

Pérdida de control. Se puede generar la sensación de la pérdida del control de lasituación por parte de los encargados de aminorar o sortear la crisis, produciendo impaciencia, incapacidad de reacción inmediata, complicaciones en la respuesta y lainmovilidad ante la necesidad del cambio.

Foco de atención. Aunque es necesario que se brinde atención especial a la crisis quese desarrolla, también es necesario que se tenga visión amplia y que no se descuiden losdemás frentes de trabajo de entidad; esto con el fin de no generar otro sinnúmero de crisis o situaciones de riesgo que puedan aumentar el problema existente o crear uno nuevo en otros campos.

Persecución. En ocasiones se desgasta el proceso comunicacional en explicar quela crisis ocurrida es consecuencia de una persecución, buscando culpables externos y dejando de lado la posibilidad de hacer frente a la crisis, perdiendo la posibilidad dehacer un análisis y un diagnóstico de la realidad y las causas que llevaron determinada situación.

Pánico. El pánico puede ser el peor consejero en una crisis, ya que es la primera reacciónque se tiene y es la que menos se sabe manejar durante este proceso. Es un sentimientoque puede derrotarse o aminorarse siguiendo los pasos y acatando las indicacionesconsignadas en un manual de manejo de crisis.

Coyuntura. Lacrisissuelegeneraratenciónalcortoplazo,implicandoque susrespuestasy reacciones deban atender la inmediatez; sin embargo, no debe dejarse de lado la estructura por atender y enfocarse en la coyuntura, ya que como se dijo anteriormentese pueden generar otro tipo de problemáticas.

Por ello es necesario tener visión a largo plazo y poder determinar cuáles podrían ser las consecuencias a futuro de una situaciónde crisis, y qué tareas deben realizarse para evitar que la misma se presentemás adelante.

De igual modo podemos evidenciar algunas características que pueden presentarse en una crisis, tales como:

Singularidad. Ya que dos crisis no necesariamente son causadas por las mismas situaciones. Y aunque estas situaciones en común produzcan dos crisis, sus efectos noserán iguales ni tendrán las mismas consecuencias comunicacionales.

Urgencia. Con la llegada internet como un medio masivo de comunicación, la urgencia en la respuesta ante una situación de crisis se vuelve vital. Esto debido a que la demora en   afrontar comunicacionalmente una crisis puede redundar en el agravamiento de la situación, pudiéndose difundir información errada que de no ser desmentida orespondida puede llegar a permear en la población. Y es en contextos así donde unrumor se convierte en información.

Desestabilización. Es posible que, durante una situación de crisis, se desestabilicenlos procesos normales de funcionamiento de una entidad, y que estos no respondana las necesidades identificadas, alterando la respuesta de la entidad y generando consecuencias catastróficas en la imagen de la organización.

Etapas de la crisis

En una crisis se pueden considerar tres etapas fundamentales que ayudan a agrupar cadauno de los momentos que se desarrollan en el proceso, a saber: precrisis, crisis y post-crisis.

1. precrisis es quizás la de mayor importancia, en tanto que un proceso efectivo de anticipación a una crisis puede determinar el camino para que ésta sea superada de manera efectiva, convirtiéndose en un éxito el proceso de gestión de crisis. Se pueden encontrar dos fases importantes: el proceso de auditoria o detección deamenazas y la prevención de las mismas.

Para el primer caso, se debe tener conciencia de los riesgos y así desarrollar una metodología que permita identificar las situaciones críticas que deben o pueden afrontar cada una de las dependencias adscritas a la organización, con el fin de tener un consolidado de debilidades con que cuenta cada una de ellas; esto siempre con un profundo sentido de la autocrítica, partiendo de la evaluación consciente de los riesgos y áreas con problemáticas. Para ello se hace necesario desarrollar un sondeo y un examen de cada una de las dependencias que trabaja dentro de la institución, indagando por sus diferentes procesos y actividades, además de las relaciones con los diversos agentes y públicos internos y externos.

2. El proceso de prevención de las crisis Desarrollándose los esfuerzos necesarios para la preparación y la actuación pertinente ante una posiblecrisis comunicacional; esto a través de la capacitación de los funcionarios y responsablescomunicacionales, en este caso, con el fin dar las herramientas pertinentes para que éstos puedan responder de la manera adecuada a las situaciones críticas que sepresenten, estando preparados para reaccionar antes ellas, sorteándolas de la manera más eficiente posible, y evitándolas si es posible. Es en esta etapa en la cual se desarrollan losprocesos preventivos, entre los cuáles se cuenta la consolidación del manual de manejo de crisis, con el fin de desarrollar procesos de respuesta y mecanismos que ayuden a losencargados estar preparados para actuar de manera diligente, eficaz y eficiente, siempre dentro de los marcos establecidos previamente en el manual, para así tener un proceso unificado de acciones. Pero también es necesario que cada dependencia tenga unaforma de controlar situaciones pequeñas con el fin de que no desencadenen grandes problemáticas y generen crisis de mayor IMPACTO.

3. Momentum Etapa de crisis, es la situación que se afronta, si dicha circunstancia, nopudo ser controlada en sus momentos previos. Se vuelve importante que existan canales adecuados para divulgar información sobre la crisis y que la entidad acepte la existencia dela misma y decida afrontarla. Esta etapa consta de dos momentos: la gestión y la contención.

La gestión da cuenta de cómo manejar la crisis contando con las herramientas comunicacionales pertinentes, con el fin de aminorar las consecuencias del problema presentado. Aquí debe buscarse proteger la credibilidad de la entidad y su capacidad deentregar información a la población, con el fin de establecer una relación de confianza y credibilidad.

En la fase de contención de la crisis es importante que el comité de crisis asuma su papel y que los miembros que lo conforman, acoplen sus acciones a lo establecido en elpresente manual. Y se considera vital que la crisis se contenga en las áreas afectadas, para que no existan múltiples voces discordantes sobre el tema. Aunque se debe informar atodos los funcionarios para que estén alerta a las señales en sus propias áreas, no se debegenerar pánico innecesariamente, ni entregar toda la información a funcionarios que noestán enfocados en dicho tema.

4.Post-crisis se refleja una vez se supere la crisis y la organización retome el estado de funcionamiento normal. Esta viene dada por la capacidad de residencia superación con que cuente la organización y su capacidad de sobreponerse a estas problemáticas,pues como se verá, es el momento adecuado para realizar una introspección y ver qué procesos nuevos se pueden generar y cuáles de los ya existentes se pueden mejorar o descartar. Esta etapa se desarrolla y subdivide en tres fases a saber: Recuperación, evaluación y aprendizaje:

En la fase de recuperación, el equipo involucrado debe hacer un balance de lo ocurridoy dar parte de tranquilidad tanto a la comunidad como al resto de la entidad, para así generar una vuelta a la situación normal.

Por su parte en la fase de evaluación se debe realizar un trabajo de consolidación de lainformación producto de la crisis. Todos los detalles deben ser recopilados para así poderrealizar una evaluación satisfactoria y completa de la crisis y de la acción emprendida y las demás dependencias, generando así un estudiode caso sobre la crisis, sus causas, consecuencias y acciones implementadas; Incluyendo monitoreos a la población, si pudieron realizarse.

Terminación del proceso, el proceso culmina con el aprendizaje que deja la crisis, como clave para enfrentar situaciones futuras y poder modificar, eliminar o agregar procesos consignados en el manual de manejo de crisis y que se hayan utilizado en el transcurso de la crisis; esto con el fin de generar efectividad, eficacia y calidad en los procesos de respuesta, generando mejoras continuas al presente manual y a su aplicación por parte de los encargados.

Debemos tratar de mirar en primera instancia el problema del manejo de las crisis describiendo tres fases en la cual ellas operan: condiciones normales, situaciones de perturbación y dinámica de la crisis.

Bajo condiciones normales, un sistema funciona sin mayores fluctuaciones. Un número determinado de normas ayuda al sistema a mantenerse balanceado y a conservar su ritmo diario, este marco de referencia puede ser perturbado a un mayor o menor grado, moviéndose en unos extremos que oscila de la calma total, a muy cerca del punto de ruptura, pero en general, el sistema se sostiene como un todo dentro de los parámetros establecidos.

Un incidente altera las condiciones normales y crea perturbación.

En este caso, planes especializados son puestos en efecto para regresar a un estado de normalidad. Esta estrategia, sin embargo, solamente aplica a los incidentes "clásicos": o sea, aquellos que pueden ser manejados por las normas de emergencia existentes. Una vez el incidente ha sobrepasado ciertos límites, entonces se puede decir que se entra en el campo de la crisis.

El incidente clásico es un problema puntual que ocurre dentro del normal funcionamiento de un sistema y que, en un contexto amplio, no genera amenaza. Existen especialistas capaces de resolverlo o disminuirlo con alguna rapidez y sin mayor dificultad.

Es importante notar que la mayoría de los incidentes son 'clásicos'; sería equivocado confundir a un incidente pasajero con una crisis.

El incidente mayor: algo realmente fuera de control

El gerente se enfrenta a algo que no se parece en nada a un incidente ordinario o convencional y es completamente catastrófico. Ninguna de las referencias establecidas se acomoda a esta escala de eventos, todo parece confuso

La situación se presenta de una magnitud gigantesca, nadie entiende qué está pasando, no hay forma de describir lo que pasa, de todas partes vienen amenazas, malas noticias, fallas, cada vez todo se torna más grave.

Algunos parámetros comunes a este tipo de incidentes pueden ser los siguientes:

- Inmovilización a gran escala

- Situaciones que se agravan exponencialmente

- Algunas emergencias no siguen los modelos

tradicionales, los medios disponibles para reaccionar son inadecuados, hay ausencia de especialistas

- La incertidumbre e incapacidad para obtener la información necesaria.

- El tiempo es un elemento crucial en una crisis

- La duración de la crisis es la primera gran preocupación que un gerente debe enfrentar, nadie está preparado para resistir indefinidamente.

- El problema puede ser resuelto inicialmente y evolucionar en otro completamente diferente.

- Una crisis generalmente es una sucesión de problemas

- Aparecen serios problemas de comunicaciones dentro de cada organización

El manejo de crisis implica mantener la calma, evaluar la situación, y tomar decisiones prudentes. ¿En qué contexto específico necesitas ayuda para gestionar una crisis?

Los robos o asaltos en los bancos

La crisis surge particularmente cuando se sospecha que el ladrón es un miembro del equipo. A pesar de lo que pueda imaginarse, es una situación, lamentablemente, demasiado común.

La dinámica de la crisis

Desde el punto de vista de la Gerencia de la Seguridad, la dinámica de la crisis es manejada por tres problemas principales, los cuales pueden ser resumidos así:

Desmoronamiento. Una crisis es primero que todo una avalancha repentina de un impresionante número de problemas. La señal más frecuente de este desplome es la saturación de las redes de comunicación, los conmutadores telefónicos se bloquean, y contradicciones extremas aparecen en todo sentido.

Confusión. Enfrentada con esa excesiva cantidad de problemas, la organización descubre que los métodos de operación ordinaria son insuficientes para la tarea por cumplir. Contradicciones y efectos inesperados atacan los pasos dados para estabilizar la situación; los mecanismos de respuesta existentes se congelan

Ruptura. Las dificultades crean barreras absolutas. Los problemas se aglutinan juntos en un bloque y las contradicciones crecen y se multiplican. El margen para maniobrar se reduce a cero. El desmoronamiento y como consecuencia de éste la

Confusión y ruptura, convierten en frágiles e impotentes a los actores involucrados, estos tres procesos se combinan para producir la dinámica de la crisis.

La combinación de estos tres fenómenos provoca el colapso general.

Objetivos de la gestión de crisis

✓ Reducir la tensión durante el incidente.

✓ Demostrar compromiso y experiencia del corporativo.

✓ Controlar el flujo y seguridad de la información.

✓ Manejo de recursos de forma efectiva.

✓ Identificar las señales de advertencia.

✓ Mitigar el daño.

Para comprender los "como" y los "porqué" de la gestión de crisis es necesario establecer algunos conceptos previos:

3

PLANES ESPECÍFICOS DE CONTINGENCIA

Diseñar planes individuales para gestionar los siguientes aspectos:

- Desastres en la sede empresarial
- Fallo de los ordenadores y las comunicaciones
- Extorsión
- Secuestro y rescate
- Amenazas de bomba
- Procedimientos de seguridad

RESTABLECIMIENTO Y CONTINUACIÓN DE LAS OPERACIONES COMERCIALES

Preparar planes detallados para garantizar que una empresa pueda continuar con su actividad tras un desastre de carácter grave relacionado con la sede empresarial.

PRÁCTICA Y FORMACIÓN

Diseñar y dirigir ejercicios de simulación para comprobar y ensayar los planes de gestión de crisis y planes relacionados que sean relevantes para la empresa.

FORMACIÓN EN MEDIOS DE COMUNICACIÓN

Llevar a cabo la formación de personal de apoyo para atender las solicitudes de los medios de comunicación y del público, así como la formación de negociadores y la formación en concienciación sobre la seguridad.

Un incidente altera las condiciones normales y crea perturbación.

En este caso, planes especializados son puestos en efecto para regresar a un estado de normalidad. Esta estrategia sin embargo, solamente aplica a los incidentes "clásicos": o sea, aquellos que pueden ser manejados por las normas de emergencia existentes. Una vez el incidente ha sobrepasado ciertos límites, entonces se puede decir que se entra en el campo de la crisis.

El incidente clásico es un problema puntual que ocurre dentro del normal funcionamiento de un sistema y que en un contexto amplio, no genera amenaza. Existen especialistas capaces de resolverlo o disminuirlo con alguna rapidez y sin mayor dificultad.

Es importante notar que la mayoría de los incidentes son 'clásicos'; sería equivocado confundir a un incidente pasajero con una crisis.

El manejo de una crisis incluye planeación, organización, liderazgo y control de las actividades en los momentos críticos: inmediatamente antes, durante y después de una crisis potencial o real, a fin de reducir la pérdida de recursos necesarios para que la organización vuelva a la normalidad.

EL INCIDENTE MAYOR: ALGO REALMENTE FUERA DE CONTROL

El gerente se enfrenta a algo que no se parece en nada a un incidente ordinario o convencional y es completamente catastrófico. Ninguna de las referencias establecidas se acomoda a esta escala de eventos, todo parece confuso

La situación se presenta de una magnitud gigantesca, nadie entiende qué está pasando, no hay forma de describir lo que pasa, de todas partes vienen amenazas, malas noticias, fallas, cada vez todo se torna más grave.

- Algunos parámetros comunes a este tipo de incidentes pueden ser los siguientes:
- Inmovilización a gran escala
- Situaciones que se agravan exponencialmente
- Algunas emergencias no siguen los modelos tradicionales, los medios disponibles para reaccionar son inadecuados, hay ausencia de especialistas
- La incertidumbre e incapacidad para obtener la información necesaria.
- El tiempo es un elemento crucial en una crisis
- La duración de la crisis es la primera gran preocupación que un gerente debe enfrentar, nadie está preparado para resistir indefinidamente.
- El problema puede ser resuelto inicialmente y evolucionar en otro completamente diferente.
- Una crisis generalmente es una sucesión de problemas
- Aparecen serios problemas de comunicaciones dentro de cada organización

Características de una crisis

Para determinar las características que presenta una crisis, se tendrá como base, tanto se determinan que las características de una crisis son ocho, a saber:

1.Sorpresa. Una de las características más complejas de las crisis en las diversas entidades, es la inmediatez y la sorpresa con las que se presentan éstas, afectando a éstas como dependientes de las instituciones.

2.Falta de información. Dentro de una crisis es común que la falta de previsión ante la situación crítica se identifique en la ausencia de información entre los funcionarios para dar respuesta y actuar. Por lo cual se redunde en respuestas no adecuadas y procedimientos no encausados en la búsqueda de una solución pertinente.

3.La escalada de acontecimientos. Es previsible que una crisis pueda desembocar en una serie de acontecimientos y situaciones que pueden tornarse críticos sin el adecuado seguimiento. Pueden ser tanto consecuencias de la crisis inicial, como situaciones aisladas que se vuelven visibles por el contexto.

4.Pérdida de control. Se puede generar la sensación de la pérdida del control de la situación por parte de los encargados de aminorar o sortear la crisis, produciendo impaciencia, incapacidad de reacción inmediata, complicaciones en la respuesta y la inmovilidad ante la necesidad del cambio.

5.Foco de atención. Aunque es necesario que se brinde atención especial a la crisis que se desarrolla, también es necesario que se tenga visión amplia y que no se descuiden los demás frentes de trabajo de entidad; esto con el fin de no generar otro sinnúmero de crisis o situaciones de riesgo que puedan aumentar el problema existente o crear uno nuevo en otros campos.

6.Persecución. En ocasiones se desgasta el proceso comunicacional en explicar que la crisis ocurrida es consecuencia de una persecución, buscando culpables externos y dejando de lado la posibilidad de hacer

frente a la crisis, perdiendo la posibilidad de hacer un análisis y un diagnóstico de la realidad y las causas que llevaron determinada situación.

7.Pánico. El pánico puede ser el peor consejero en una crisis, ya que es la primera reacción que se tiene y es la que menos se sabe manejar durante este proceso. Es un sentimiento que puede derrotarse o aminorarse siguiendo los pasos y acatando las indicaciones consignadas en un manual de manejo de crisis.

8.Coyuntura. La crisis suele generar atención al corto plazo, implicando que sus respuestas y reacciones deban atender la inmediatez; sin embargo, no debe dejarse de lado la estructura por atender y enfocarse en la coyuntura, ya que como se dijo anteriormente se pueden generar otro tipo de problemáticas.

De igual modo podemos evidenciar algunas características que pueden presentarse en una crisis, tales como:

Singularidad. Ya que dos crisis no necesariamente son causadas por las mismas situaciones. Y aunque estas situaciones en común produzcan dos crisis, sus efectos no serán iguales ni tendrán las mismas consecuencias comunicacionales.

Urgencia. Con la llegada internet como un medio masivo de comunicación, la urgencia en la respuesta ante una situación de crisis se vuelve vital. Esto debido a que la demora en afrontar comunicacionalmente una crisis puede redundar en el agravamiento de la situación, pudiéndose difundir información errada que de no ser desmentida o respondida puede llegar a permear en la población. Y es en contextos así donde un rumor se convierte en información.

Desestabilización. Es posible que, durante una situación de crisis, se desestabilicen los procesos normales de funcionamiento de una entidad, y que estos no respondan a las necesidades identificadas, alterando la respuesta de la entidad y generando consecuencias catastróficas en la imagen de EDESO y su gerente

PLANES PARA MANEJO DE CRISIS

1. RENTABILIDAD

2. PERMANENCIA

3. RESPONSABILIDAD SOCIAL

4. BIENES -PERSONAS

Todo sistema depende para su operación de un conjunto de variables o funciones, que pueden ser:

NO ESENCIALES

CRITICAS

SINIESTRO

EVENTO NO DESEADO CON CAPACIDAD DE GENERAR

EFECTOS NEGATIVOS EN EL SISTEMA QUE LO SUFRE

ANTECEDENTES

EL RIESGO ESTA PRESENTE EN TODAS LAS ACTIVIDADES DEL HOMBRE

SINIESTRALIDAD

CONSECUENCIAS

TIPOS DE CRISIS

LIMITADA

Afecta solo al sistema que sufre el siniestro

EXTENDIDA

Afecta TODA la comunidad

DESASTRE

Impacto GRAVE para un sistema ante la presentación de un siniestro

El sistema sobrevive

CATASTROFE

Desaparición total o parcial de un sistema como resultado de un siniestro

CRISIS

Situación con potencial de generar Desastres o Catástrofes poniendo en peligro la supervivencia del sistema

PLAN DE EMERGENCIA

Acciones operacionales tendientes a controlar y/o eliminar el Evento que es fuente de la "amenaza inmediata" incluye actividades de emergencia tales como combate de incendios, control de fugas o derrames, rescate de personas, evacuación de instalaciones y salvamento de bienes.

PLAN DE CONTINGENCIAS

Acciones administrativas y/o operacionales tendientes a controlar y/o eliminar el evento que afecta la operación de un sistema y limitar sus efectos.

Incluye actividades de remodelación, ingeniería, mantenimiento de información pública, etc.

PLAN PARA MANEJO DE CRISIS

Preparación corporativa para proveer los recursos y medios necesarios para identificar y valorar las situaciones con potencial de generación de crisis, prevenir, mitigar sus consecuencias y recuperar el sistema, con el fin de garantizar la supervivencia del mismo.

Prevención

Mitigación

Control

- Alerta

- Alarma

- Respuesta

Recuperación

- Rehabilitación

- Reconstrucción

ESTRUCTURA DE RESPUESTA CORPORATIVA

1. Evalúa impacto potencial

2. Define estrategias corporativas

3. Maneja acciones externas

4. Proporciona apoyo administrativo

ESTRUCTURA DE RESPUESTA LOCAL

1. Determina recursos requeridos

2. Moviliza recursos requeridos

3. Implementa respuesta en el sitio

4. Coordina recursos en el sitio

5. Supervisa recurso en el sitio

EQUIPO DE MANEJO DE CRISIS

ROL DEL EQUIPO DE MANEJO DE CRISIS

Diseñar, implementar y coordinar la respuesta corporativa en casos de crisis.

COMPOSICION

Personal gerencial que representen las áreas funcionales CLAVES para el desarrollo del negocio.

COMITÉ DE EVALUACION DE INCIDENTES CEI

ROL

Realizar análisis preliminar y determinar si es necesario la respuesta corporativa

COMPOSICION

Personal de ALTO NIVEL con capacidad de evaluar un incidente en todos sus aspectos relevantes

PLAN PARA EL MANEJO DE CRISIS

PROPOSITOS

1. Implementar políticas de riesgos
2. Proporcionar organización para eventos mayores
3. Optimizar el uso de los recursos
4. Cumplir con la ley
5. Facilitar relaciones con la comunidad
6. Garantizar la continuidad del negocio

PROCESOS PARA LA PLANIFICACION DE CRISIS

1. ESTRUCTURA PARA EL PROYECTO

- Establecer políticas de riesgos
- Obtener el compromiso en el más alto nivel
- Planificar

- Suministrar las herramientas
- Alcances del plan
- Cronograma de actividades

2. ANALISIS DE RIESGOS Y VULNERABILIDADES

- Identificar la amenaza
- Determinar escenarios
- Desarrolle el perfil de riesgos
- Establezca criterios de escenarios

3. ESTRATEGIAS PARA CRISIS

- Con que contamos
- Estrategias preventivas
- Estrategias de protección
- Estrategias de financiación
- Estrategias de recuperación

4. DESARROLLO DEL PLAN

- Funciones y responsabilidades
- Recolección de datos
- Procedimientos estandarizados
- Establezca recurso y medios
- Escriba el plan

5. ENSAYO Y APROBACION

- Adapte el plan a situaciones lo mas
  reales posibles
- Desarrolle el ensayo controlado
- Evalúe los resultados
- Haga los ajustes necesarios

- Obtenga la aprobación

MANEJO DE SITUACIONES DE CRISIS

Definición

Es justamente el manejo de crisis, pues su objetivo es preservar la vida de la Tripulación, los valores y bienes que se transportan y la reputación de una empresa ante un momento de adversidad, para ello el análisis se enfoca en cuáles son los factores que ocasionan estos eventos de quiebre y qué estrategias se pueden realizar para salir sin ningún daño en su imagen.

Contar con destrezas de liderazgo en situaciones de crisis es instrumental para mantener la estabilidad de una formación. Una crisis es una situación difícil que puede perjudicar la continuidad de la operación, su oferta de servicios y su estabilidad financiera.

Existen numerosos escenarios con el potencial de poner en riesgo la estabilidad de una empresa, por ejemplo, situaciones de desastres naturales, recesión económica, inestabilidad política, y hasta situaciones como una crisis de imagen y relaciones públicas.

Ante estas situaciones, los líderes de la organización deben emplear su buen juicio y desarrollar estrategias efectivas para superar estos acontecimientos. Para salir airoso de una crisis, un líder debe estar equipado con las destrezas de liderazgo adecuadas.

Manejar una crisis

Detectar los riesgos antes de que ocurran, es un factor determinante a la hora de medir el éxito de su empresa. Hoy en día, muchas compañías no cuentan con un manual de normas y procedimientos para el manejo de crisis, en caso de que se presenten. Todo lo contrario, asumen la cómoda e ingenua postura de: esto no me pasará a mí.

La mayoría de las veces estas fallas son difundidas por los medios de comunicación social, denigrando la imagen de la organización y convirtiéndola en un foco de atención inimaginable. Precisamente esto es lo que debemos evitar: contrarrestar cualquier evento que amenace la reputación de la empresa.

¿Por qué manejar crisis?

Desde el mismo momento en que decidimos emprender un negocio debemos pensar en los riesgos. Por ello, es necesario identificarlos a tiempo con el objeto de minimizar su impacto. Saber manejar una crisis también implica llevar a cabo estrategias informativas y comunicacionales con el fin de evitar una situación de conflicto. No podemos dejar que los riesgos nos controlen, todo lo contrario, tenemos que controlarlos nosotros a ellos.

Los directivos de la empresa no deben dejarse llevar por el pánico, más bien deben crear un departamento dedicado a la administración de incidentes, estar alertas, tomar conciencia y colaborar en la medida de lo posible para que la crisis sea solventada satisfactoriamente. Para ello, deben instruir adecuadamente al personal con tiempo de antelación.

La persona encargada de esta gerencia debe monitorear claramente las pautas y hacer un continuo seguimiento al trabajo de todas las personas involucradas; difundirá información adecuada y asesorará a su equipo de trabajo acerca de las tareas que debe realizar.

Consejos para manejar crisis

En caso de presentarse una crisis, el director general o el gerente de comunicaciones se encargarán de contrarrestar las malas noticias generadas y de colocar la imagen de la empresa en un ámbito positivo. Algunas personas suelen actuar de forma radical, demandando al medio informativo o al periodista que difundió la información. En este caso, se debe actuar de forma estratégica, en vez de emocional.

De los errores se aprende, así que muchas de las crisis son experiencias que pueden servir de aprendizaje para estar preparados y prevenidos en caso de que se presenten. Sin embargo, la idea es evitar que éstas ocurran.

Otro concejo importante es que no se puede reaccionar de forma negativa y aislada ante una situación de anormalidad. Todo lo contrario, se debe actuar de manera organizada y con la cabeza bien en alto.

Es vital que las empresas tengan asegurado, tanto a su personal como a la infraestructura en sí, que diseñen planes de contingencia, y asignen mayor capital y personal a esta área.

Siga con su actividad como de costumbre. Comunique a la policía, de forma confidencial, cualquier dato que le parezca relevante y no haga nada más.

Mantenga los ojos bien abiertos, pero no revise el escritorio de un empleado aprovechando su ausencia ni compruebe enfermizamente el dinero de los gastos por justificar.

Si los miembros de su equipo sospechasen que no confía en ellos, su relación con el equipo sufriría un daño irreparable.

Y una vez detenido al culpable, los empleados inocentes trabajarán con la presión de saber que su jefe ha puesto en duda su honestidad. Si sólo sospecha de uno o dos y resultan no ser culpables, el daño será todavía mayor.

Ponga a su equipo como ejemplo y hasta que se demuestre lo

contrario, **opte por defender a sus miembros**: Ninguno de los empleados a mi cargo sería capaz de algo así. Nos mantendremos alerta, pero como ninguno de nosotros es culpable.

Manejar una crisis eficazmente implica seguir algunos pasos clave:

1. Mantén la Calma: Conserva la serenidad para tomar decisiones más claras y racionales.

2. Evalúa la Situación: Comprende la magnitud y la naturaleza de la crisis antes de actuar.

3. Comunicación Efectiva: Informa a todas las partes relevantes de manera clara y honesta.

4. Priorizará Tareas: Identifica las acciones más críticas y enfócate en ellas primero.

5. Moviliza Recursos: Reúne los recursos necesarios y coordina esfuerzos de manera eficiente.

6. Plan de Acción: Establece un plan estructurado para abordar la crisis paso a paso.

7. Medidas de Contingencia: Actúa según el plan, adaptándote a medida que evoluciona la situación.

8. Evaluación: Analiza lo sucedido después de la crisis para mejorar la preparación futura.

9. Apoyo Emocional: Adiciona apoyo a las personas afectadas y fomenta la resiliencia.

10. Relación con Autoridades: Colabora con las autoridades pertinentes si es necesario.

Recuerda que cada crisis es única, y la flexibilidad y adaptabilidad son clave en el proceso de gestión.

El organigrama del manejo de una crisis puede variar según la naturaleza y el alcance de la situación, pero aquí hay una estructura general que podría seguirse:

1. Líder de Crisis:

- responsable principal de la toma de decisiones y coordinación general.

Equipo de Gestión de Crisis:

- Incluye expertos en áreas clave como comunicación, seguridad, logística y recursos humanos.

3. Comité de Coordinación:

- Supervisa y coordina las acciones de diferentes departamentos o equipos.

4. Equipo de Comunicación:

- Encargado de la gestión de la información interna y externa durante la crisis.

5. Equipo de Seguridad y Logística:

- Maneja la seguridad física, la logística de evacuación y el suministro de recursos.

6. Equipo Médico y de Salud:

- Se centra en la atención médica y la gestión de la salud en caso de crisis sanitaria.

7. Departamento de Recursos Humanos:

- Maneja la gestión del personal, el bienestar y la comunicación interna.

8. Equipo de Tecnología e Información:

- Asegura la integridad de los sistemas informáticos y gestiona la información crítica.

9. Coordinación con Autoridades Externas:

- Establece canales de comunicación con agencias gubernamentales y otras organizaciones relevantes.

10. Apoyo Psicológico:

- Proporciona servicios de apoyo emocional para el personal y las personas afectadas.

Es importante que cada miembro comprenda su papel específico y que haya canales claros de comunicación y toma de decisiones. Este organigrama puede adaptarse según las necesidades y características específicas de la crisis.

Mentalidad de crisis

Una crisis provoca emociones exacerbadas que generan diferentes manifestaciones que abarcan desde el entusiasmo hasta el miedo. Y es sabido que, en una situación emotiva, las personas se vuelven más sensibles. Por lo tanto, su comportamiento durante la crisis influirá más de lo habitual.

La mentalidad de crisis suele caracterizarse porque el grupo tiene la sensación de que no le queda más opción que unirse y eso potencia su sentido de la identidad. A menudo la crisis hace aflorar talentos ocultos de una persona que, a partir de ese momento, es mejor valorada por los demás miembros del equipo. El descubrimiento puede ser que hablan inglés fluidamente, mejor de lo que creían, que son capaces de memorizar diez números de teléfono al instante o que, si no se encuentran las llaves del coche de la empresa, no les cuesta hacer un puente y arrancar el motor.

Lo mejor será que el equipo salga reforzado de la experiencia y que eso le sirva en situaciones futuras. Una crisis es el momento ideal para mostrar al resto del grupo talentos ocultos. Los roles tradicionales del equipo se rompen en situaciones de extrema tensión y las funciones de cada uno se flexibilizan. La crisis según el japonés tiene dos significados oportunidad o situación contraria que lleva al límite.

A continuación, compartimos tres destrezas de liderazgo que son esenciales para manejar los momentos determinantes de una crisis:

1-ADaptabilidad

Un buen líder no se resiste a los cambios pues sabe que son inevitables. Al contrario, reconoce la situación que enfrenta y se adapta apropiadamente a la misma; el proceso de cambio sea voluntario o forzado cuenta con tres fases fundamentales:

a-Recolección de datos: Se trata de conocer todo lo posible acerca del desafío enfrente. El proceso se debe guiar por las preguntas críticas que llevarán a identificar las necesidades y sus posibles soluciones.

b-Interpretación y diagnóstico: Con los datos recopilados, se identifican preocupaciones, potenciales problemas, posibles consecuencias y metas.

c-Acción: Se selecciona el curso de acción más adecuado para resolver la situación y se pone en marcha; es probable que el comportamiento de las personas a su alrededor sea el obstáculo más grande que enfrente durante un proceso de cambio. Por eso es tan importante la próxima destreza de liderazgo.

2. Persuasión

La persuasión es una de las herramientas más valiosas de un líder. Se trata de su habilidad para influenciar a otros. Requiere inteligencia emocional, paciencia y diplomacia, pues persuadir es inducir a otros a hacer o creer algo, apelando a su razón o entendimiento. Utilizando la persuasión, un líder puede motivar a sus empleados y a su audiencia a tomar acción.

A nivel interno, los ejecutivos y gerenciales deben persuadir a sus empleados para que pongan su mayor empeño en todo lo que hagan. Esto es un reto en cualquier momento, pero es crucial cuando la compañía está enfrentando una situación crítica, porque a todos nos cuesta trabajar si estamos agobiados.

3. Empatía

Por último, un buen líder debe mostrarse empático. En tiempos de crisis, reinan la confusión, el miedo, la angustia, el estrés y otros malestares. Por eso es tan importante que los líderes demuestren a su equipo que entienden cómo la situación los afecta individualmente.

La mejor manera de mostrar empatía es estableciendo canales abiertos de comunicación. Se deben fomentar la honestidad y el diálogo entre la administración y la fuerza laboral. Esto reduce los rumores que aportan al desconcierto y reconforta a los empleados.

Una vez superada la crisis, debe haber un seguimiento del proceso de manejo de crisis. Repasar lo que se hizo, conociendo los resultados de las acciones tomadas, es un gran ejercicio para aprender de la crisis. Con este aprendizaje, deben tomarse las medidas necesarias para mejorar el plan de manejo de crisis.

permitírselo, después de habérselo comunicado a los asistentes. No sucedió nada más allá de que se emplearan cinco minutos en permitirles el paso a los inspectores y otros cinco más en recuperar la dinámica necesaria para proseguir el ejercicio. Había vivido una "situación difícil".

Descripción de una situación difícil:

Aquella que no estaba contemplada dentro del Guion previsto y que, además, comporta un grado de dificultad superior al esperado o previsto como estándar en la formación que se imparte.

Frente al manejo de situaciones difíciles, hay que pensar que le principal enemigo es el **"ego",** es decir uno mismo. El ego puede ser entendido como una falsa idea sobre uno mismo, y también la imagen o personalidad que se muestran a los demás. Por ejemplo, si yo me mantengo en la idea de que el formador "debe saberlo todo y estar en la posición de enseñar a sus alumnos", y no conoce la respuesta a la pregunta que le hacen, puede ocurrir que se quede uno atrapado en su propia ansiedad y entonces bloquearse, tornarse terco u obstinado queriendo tener razón.

Las situaciones difíciles pueden ser de varios tipos, preguntas difíciles o complicadas, personas distorsionadoras o conflictivas, situaciones imprevistas, problemas técnicos, Interrupciones no esperadas, ruidos molestos, un público difícil

Manejo de situaciones difíciles.

El enemigo es el ego, la mejor medida de un hombre no es ver donde está en los momentos cómodos, sino donde se encuentra en tiempos de retos y controversias

1. Problemas técnicos
2. Interrupciones no esperadas
3. Ruidos molestos
4. Personas conflictivas
5. Preguntas difíciles
6. Público difícil

Frente a un ATAQUE

- Autoobservación. El público capta las incongruencias verbales y no verbales. Sin darnos cuenta, podemos estar siendo poco creíbles.

- Confirmar lo positivo de las diferencias.

- Evitar el estallido emocional.

- Evitar la lucha.

- Evitar tomárselo de manera personal.

- Hacer repetir la pregunta

- Quedarse con los datos comprobables y fiables.

- Quedarse en "tierra firme", afirmar solo aquello que conocemos bien

- Responder con razonamiento y hechos.

- Responder desde "mi punto de vista".

- Si se desconoce la respuesta, "desviarla" hacia el público o el mismo preguntador

- Usar el humor. NO la burla, es el mejor des estructurador emocional de la ira, disminuye la fuerza del ataque.

Cómo contrarrestar la conflictividad

- Evitar los Ataques verbales

- Utilizar Muchas señales no verbales

- Evitar los Comentarios sarcásticos

- Tratar de acaparar todo el tiempo en preguntas, intervenciones.

- Pensar en que siempre van a existir personas con diferentes opiniones

- Pensar en las posibles objeciones

- Pensar desde todos los ángulos

Frente a los **"VAMPIROS DE FOCOS"** son aquellas personas que dan explicaciones extensas y largas, sin considerar que están quitando el tiempo a los demás; debemos emplear la siguiente estrategia:

1. Resumir lo que dicen
2. Proseguir con el texto
3. Recordar el objetivo del curso
4. Animar a los demás a participar con sus opiniones
5. Proponer la discusión en la pausa

Comportamientos molestos

1- Si se irradian o molestan al formador: Mirar fijamente durante 3-5 segundos a los protagonistas

2- Si no se irradian: Ignorarlos

3- Si los comportamientos molestos son, por ejemplo, conversaciones, diálogos en voz alta, o risitas, entre dos o más asistentes, desplácese hasta el lugar donde se encuentran esas personas y permanezca a su lado durante un rato. Acostumbra a funcionar en la mayoría de los casos

4- Si el nivel de los comportamientos molestos alcanza un punto en el que percibe Vd. la incomodidad de los asistentes (y no ya solo la suya), y si todo lo anterior no ha sido suficiente, no dude en afrontarlo directamente planteándole al "molestador" que es lo que ocurre.

Fastidioso, pesado y conflictivo

Si tiene un preguntón pesado y conflictivo, empiece con responder su pregunta mirándole, y luego acabe su respuesta mirando a otras personas, de esa manera le desanimará a continuar. Incluya cuanto antes a otros participantes, para no darle a la persona difícil demasiado protagonismo, aunque trátela siempre con mucho respeto y cordialidad. Nunca baje a su nivel si se comporta de manera poco cordial.

Preguntas difíciles

1-No perder la calma (respiraciones, anclaje de seguridad)

2-Hay que explicar que nuestros argumentos no han de convencer forzosamente a nadie que escucha, para no alimentar el enfrentamiento. Podemos emplear técnicas de asertividad. El asertividad es una conducta de las personas, un comportamiento comunicacional; que se sitúa en un punto intermedio entre otras dos conductas polares: la agresividad y la pasividad en el cual la persona no agrede ni se somete a la voluntad de otras personas, sino que manifiesta sus convicciones y defiende sus derechos.

Como responder:

Sería cerrar la situación, y lo que nos interesa es abrirla. ¿Cómo? Preguntar. Redirige la fuerza hacia la persona de la que proviene la pregunta, que tiene que reaccionar y ayuda a aclarar los malentendidos:

- Trate siempre de tomarse la situación de manera profesional, no se lo tome personalmente (si es posible), ya que eso le dará la distancia necesaria para poder ver bien las cosas, sin «entrar» emocionalmente, lo que podría causar reacciones inadecuadas.

- Si alguien entra con una «frase asesina», trate de hacerle preguntas y pedirle soluciones, ya que muchas veces sólo llevan una crítica consigo sin algún aspecto positivo que aporte soluciones. Es importante «mover» el tema estancado para ablandar la situación y preferiblemente encontrar una buena solución.

4

CRISIS

Definición

Una crisis generalmente se refiere a una situación difícil o peligrosa que requiere una acción inmediata. Puede ser tanto a nivel personal como en un contexto más amplio, como crisis económicas, de salud o de otro tipo. El manejo efectivo de una crisis implica tomar decisiones rápidas y estratégicas para minimizar el daño y encontrar soluciones.

Puede ser definida como un inestable período de tiempo o estado de eventos, cuyo resultado marcará la diferencia; algunos ejemplos pueden ser: explosiones de bombas, sabotaje, extorsión, secuestro, acciones terroristas.

Se define a las crisis organizacionales como contextos inesperados que alteran la normalidad de la empresa o institución y que pasan a ser del dominio público, representan una amenaza para la reputación de la misma; estas crisis afectan físicamente a la totalidad del sistema

Las crisis pueden clasificarse de diversas maneras según su origen o impacto. Algunas clasificaciones comunes incluyen:

1. Según el Origen:

- **Naturales:** Terremotos, huracanes, etc.

- **Humanas:** Conflictos, crisis políticas, etc.

2. Según el Impacto:

- **Económicas**: Recesiones, crisis financiera.

- **Sociales**: Tensiones sociales, desigualdades.

- **Ambientales**: Problemas relacionados con el medio ambiente.

- **Sanitarias**: Epidemias, pandemias.

3. Según la Duración:

- **Agudas:** De corta duración, pero intensas.

- **Crónicas:** Persistentes o de larga duración.

4. Según el Alcance:

- **Individual**: Afecta a una persona.

- **Comunitaria:** Afecta a una comunidad o grupo.

- **Global**: Afecta a nivel mundial.

Cada clasificación ofrece una perspectiva diferente para entender y abordar distintos tipos de crisis.

Existen varias clases de crisis, algunas de las cuales incluyen:

1. Personal: Problemas individuales que afectan a una persona

2. Financiera: Problemas económicos a gran escala.

3. Crisis de Salud: Epidemias o pandemias que afectan la salud pública.

4. Natural: Desastres naturales como terremotos, inundaciones, o incendios.

5. Política: Inestabilidad o conflictos en el ámbito político.

6.Ambiental: Amenazas a la salud del medio ambiente.

7.Tecnológica: Problemas relacionados con la tecnología y la ciberseguridad.

Características de una crisis

Sorpresa. Una de las características más complejas de las crisis en las diversas entidades,es la inmediatez y la sorpresa con las que se presentan éstas, afectando a éstas comodependientes de las instituciones.

Falta de información. Dentro de una crisis es común que la falta de previsión antela situación crítica se identifique en la ausencia de información entre los funcionarios para dar respuesta y actuar. Por lo cual se redunde en respuestas no adecuadas yprocedimientos no encausados en la búsqueda de una solución pertinente.

La escalada de acontecimientos. Es previsible que una crisis pueda desembocar en una serie de acontecimientos y situaciones que pueden tornarse críticos sin el adecuado seguimiento. Pueden ser tanto consecuencias de la crisis inicial, como situaciones aisladas que se vuelven visibles por el contexto.

Pérdida de control. Se puede generar la sensación de la pérdida del control de la situación por parte de los encargados de aminorar o sortear la crisis, produciendo impaciencia, incapacidad de reacción inmediata, complicaciones en la respuesta y la inmovilidad ante la necesidad del cambio.

Foco de atención. Aunque es necesario que se brinde atención especial a la crisis que se desarrolla, también es necesario que se tenga visión amplia y que no se descuiden los demás frentes de trabajo de entidad; esto con el fin de no generar otro sinnúmero de crisis o situaciones de riesgo que puedan aumentar el problema existente o crear uno nuevo en otros campos.

1. **Persecución.** En ocasiones se desgasta el proceso comunicacional en explicar que la crisis ocurrida es consecuencia de una persecución, buscando culpables externos y dejando de lado la posibilidad de hacer frente a la crisis, perdiendo la posibilidad dehacer un análisis y un diagnóstico de la realidad y las causas que llevaron determinadasituación.

2. **Pánico.** El pánico puede ser el peor consejero en una crisis, ya que es la primera reacciónque se tiene y es la que menos se sabe manejar durante este proceso. Es un sentimiento que puede derrotarse o aminorarse siguiendo los pasos y acatando las indicaciones consignadas en un manual de manejo de crisis.

3. **Coyuntura.** La crisis suele generar atención al corto plazo, implicando que sus respuestasy reacciones deban atender la inmediatez; sin embargo, no debe dejarse de lado la estructura por atender y enfocarse en la

coyuntura, ya que como se dijo anteriormentese pueden generar otro tipo de problemáticas.

Por ello es necesario tener visión a largo plazo y poder determinar cuáles podrían ser las consecuencias a futuro de una situaciónde crisis, y qué tareas deben realizarse para evitar que la misma se presente más adelante.

De igual modo podemos evidenciar algunas características que pueden presentarse en una crisis, tales como:

Singularidad. Ya que dos crisis no necesariamente son causadas por las mismas situaciones. Y aunque estas situaciones en común produzcan dos crisis, sus efectos noserán iguales ni tendrán las mismas consecuencias comunicacionales.

Urgencia. Con la llegada internet como un medio masivo de comunicación, la urgencia en la respuesta ante una situación de crisis se vuelve vital. Esto debido a que la demoraen afrontar comunicacionalmente una crisis puede redundar en el agravamiento de la situación, pudiéndose difundir información errada que de no ser desmentida orespondida puede llegar a permear en la población. Y es en contextos así donde unrumor se convierte en información.

Desestabilización. Es posible que, durante una situación de crisis, se desestabilicen los procesos normales de funcionamiento de una entidad, y que estos no respondana las necesidades identificadas, alterando la respuesta de la entidad y generando consecuencias catastróficas en la imagen de la organización.

Etapas de la crisis

En una crisis se pueden considerar tres etapas fundamentales que ayudan a agrupar cadauno de los momentos que se desarrollan en el proceso, a saber: precrisis, crisis y post-crisis.

1. precrisis es quizás la de mayor importancia, en tanto que un proceso efectivo de anticipación a una crisis puede determinar el camino para que ésta sea superada de manera efectiva, convirtiéndose en un éxito el proceso de gestión de crisis. Se pueden encontrar dos fases importantes: el proceso de auditoria o detección de amenazas y la prevención de las mismas.

Para el primer caso, se debe tener conciencia delos riesgos y así desarrollar una metodología que permita identificar las situaciones críticas quedeben o pueden afrontar cada una de las dependencias adscritas a la organización, con el fin de tener un consolidado de debilidades con que cuenta cada una de ellas; esto siempre con un profundo sentido de la autocrítica, partiendo de la evaluación consciente de los riesgos y áreas con problemáticas. Para ello se hace necesario desarrollar un sondeo y un examen de cada una de las dependencias que trabaja dentro de la institución, indagando por sus diferentes procesos y actividades, además de las relaciones con los diversos agentes y públicos internos y externos.

2. El proceso de prevención de las crisis Desarrollándose los esfuerzos necesarios para la preparación y la actuación pertinente ante una posiblecrisis comunicacional; esto a través de la capacitación de los funcionarios y responsables comunicacionales, en este caso, con el fin dar las herramientas pertinentes para que éstos puedan responder de la manera adecuada a las situaciones críticas que sepresenten, estando preparados para reaccionar antes ellas, sorteándolas de la manera máseficiente posible, y evitándolas si es posible. Es en esta etapa en la cual se desarrollan losprocesos preventivos, entre los cuáles se cuenta la consolidación del manual de manejo de crisis, con el fin de desarrollar procesos de respuesta y mecanismos que ayuden a losencargados estar preparados para actuar de manera diligente, eficaz y eficiente, siempre dentro de los marcos establecidos previamente en el manual, para así tener un proceso unificado de acciones. Pero también es necesario que cada dependencia tenga una forma de controlar situaciones pequeñas con el fin de que no desencadenen grandes problemáticas y generen crisis de mayor **IMPACTO**.

3. Momentum Etapa de crisis, es la situación que se afronta, si dicha circunstancia, nopudo ser controlada en sus momentos previos. Se vuelve importante que existan canalesadecuados para divulgar información sobre la crisis y que la entidad acepte la existencia dela misma y decida afrontarla. Esta etapa consta de dos momentos: la gestión y la contención.

La gestión da cuenta de cómo manejar la crisis contando con las herramientas comunicacionales pertinentes, con el fin de aminorar las consecuencias del problema presentado. Aquí debe buscarse proteger la credibilidad de la entidad y su capacidad deentregar información a la población, con el fin de establecer una relación de confianza ycredibilidad.

En la fase de contención de la crisis es importante que el comité de crisis asuma su papel y que los miembros que lo conforman, acoplen sus acciones a lo establecido en elpresente manual. Y se considera vital que la crisis se contenga en las áreas afectadas, para que no existan múltiples voces discordantes sobre el tema. Aunque se debe informar atodos los funcionarios para que estén alerta a las señales en sus propias áreas, no se debe generar pánico innecesariamente, ni entregar toda la información a funcionarios que noestán enfocados en dicho tema.

4.Post-crisis se refleja una vez se supere la crisis y la organización retome el estado de funcionamiento normal. Esta viene dada por la capacidad de residencia superación con que cuente la organización y su capacidad de sobreponerse a estas problemáticas,pues como se verá, es el momento adecuado para realizar una introspección y ver qué procesos nuevos se pueden generar y cuáles de los ya existentes se pueden mejorar o descartar. Esta etapa se desarrolla y subdivide en tres fases a saber: Recuperación, evaluación y aprendizaje:

En la fase de recuperación, el equipo involucrado debe hacer un balance de lo ocurridoy dar parte de tranquilidad tanto a la comunidad como al resto de la entidad, para así generar una vuelta a la situación normal.

Por su parte en la fase de evaluación se debe realizar un trabajo de consolidación de lainformación producto de la crisis. Todos los detalles deben ser recopilados para así poderrealizar una evaluación satisfactoria y completa de la crisis y de la acción emprendida y las demás dependencias, generando así un estudio de caso sobre la crisis, sus causas, consecuencias y acciones implementadas; Incluyendomonitoreos a la población, si pudieron realizarse.

Terminación del proceso, el proceso culmina con el aprendizaje que deja la crisis, como clave para enfrentar situaciones futuras y poder modificar, eliminar o agregar procesos consignadosen el manual de manejo de crisis y que se hayan utilizado en el transcurso de la crisis;esto con el fin de generar efectividad, eficacia y calidad en los procesos de respuesta, generando mejoras continuas al presente manual y a su aplicación por parte de los encargados.

Debemos tratar de mirar en primera instancia el problema del manejo de las crisis describiendo tres fases en la cual ellas operan: condiciones normales, situaciones de perturbación y dinámica de la crisis.

Bajo condiciones normales, un sistema funciona sin mayores fluctuaciones. Un número determinado de normas ayuda al sistema a mantenerse balanceado y a conservar su ritmo diario, este marco de referencia puede ser perturbado a un mayor o menor grado, moviéndose en unos extremos que oscila de la calma total, a muy cerca del punto de ruptura, pero en general, el sistema se sostiene como un todo dentro de los parámetros establecidos.

Un incidente altera las condiciones normales y crea perturbación.

En este caso, planes especializados son puestos en efecto para regresar a un estado de normalidad. Esta estrategia, sin embargo, solamente aplica a los incidentes "clásicos": o sea, aquellos que pueden ser manejados por las normas de emergencia existentes. Una vez el incidente ha sobrepasado ciertos límites, entonces se puede decir que se entra en el campo de la crisis.

El incidente clásico es un problema puntual que ocurre dentro del normal funcionamiento de un sistema y que, en un contexto amplio, no genera amenaza. Existen especialistas capaces de resolverlo o disminuirlo con alguna rapidez y sin mayor dificultad.

Es importante notar que la mayoría de los incidentes son 'clásicos'; sería equivocado confundir a un incidente pasajero con una crisis.

El incidente mayor: algo realmente fuera de control

El gerente se enfrenta a algo que no se parece en nada a un incidente ordinario o convencional y es completamente catastrófico. Ninguna de las referencias establecidas se acomoda a esta escala de eventos, todo parece confuso

La situación se presenta de una magnitud gigantesca, nadie entiende qué está pasando, no hay forma de describir lo que pasa, de todas partes vienen amenazas, malas noticias, fallas, cada vez todo se torna más grave.

Algunos parámetros comunes a este tipo de incidentes pueden ser los siguientes:

- Inmovilización a gran escala
- Situaciones que se agravan exponencialmente
- Algunas emergencias no siguen los modelos tradicionales, los medios disponibles para reaccionar son inadecuados, hay ausencia de especialistas
- La incertidumbre e incapacidad para obtener la información necesaria.
- El tiempo es un elemento crucial en una crisis
- La duración de la crisis es la primera gran preocupación que un gerente debe enfrentar, nadie está preparado para resistir indefinidamente.

- El problema puede ser resuelto inicialmente y evolucionar en otro completamente diferente.
- Una crisis generalmente es una sucesión de problemas
- Aparecen serios problemas de comunicaciones dentro de cada organización

El manejo de crisis implica mantener la calma, evaluar la situación, y tomar decisiones prudentes. ¿En qué contexto específico necesitas ayuda para gestionar una crisis?

Los robos o asaltos en los bancos

La crisis surge particularmente cuando se sospecha que el ladrón es un miembro del equipo. A pesar de lo que pueda imaginarse, es una situación, lamentablemente, demasiado común.

La dinámica de la crisis

Desde el punto de vista de la Gerencia de la Seguridad, la dinámica de la crisis es manejada por tres problemas principales, los cuales pueden ser resumidos así:

Desmoronamiento. Una crisis es primero que todo una avalancha repentina de un impresionante número de problemas. La señal más frecuente de este desplome es la saturación de las redes de comunicación, los conmutadores telefónicos se bloquean, y contradicciones extremas aparecen en todo sentido.

Confusión. Enfrentada con esa excesiva cantidad de problemas, la organización descubre que los métodos de operación ordinaria son insuficientes para la tarea por cumplir. Contradicciones y efectos inesperados atacan los pasos dados para estabilizar la situación; los mecanismos de respuesta existentes se congelan

Ruptura. Las dificultades crean barreras absolutas. Los problemas se aglutinan juntos en un bloque y las contradicciones crecen y se multiplican. El margen para maniobrar se reduce a cero. El desmoronamiento y como consecuencia de éste la

Confusión y ruptura, convierten en frágiles e impotentes a los actores involucrados, estos tres procesos se combinan para producir la dinámica de la crisis.

La combinación de estos tres fenómenos provoca el colapso general.

Objetivos de la gestión de crisis

- ✓ Reducir la tensión durante el incidente.
- ✓ Demostrar compromiso y experiencia del corporativo.
- ✓ Controlar el flujo y seguridad de la información.
- ✓ Manejo de recursos de forma efectiva.
- ✓ Identificar las señales de advertencia.
- ✓ Mitigar el daño.

Para comprender los "como" y los "porqué" de la gestión de crisis es necesario establecer algunos conceptos previos:

5

TEORIA DEL RIESGO

RIESGO: Se define como contingencia, posibilidad de daño, peligro, definición Diccionario de la Lengua Castellana.

JAMES F. BROTER: Riesgo es la posibilidad de ocurrencia de un evento dañino.

SILVIO VALLEJO: Es la proximidad voluntaria a una situación de peligro.

"Riesgo es una situación mediante la cual una persona o un bien material

están expuestos al alcance o a los efectos de un peligro".

Origen del Riesgo:

- Eventos naturales, terremotos , sismos, etc.
- Eventos accidentales: Calle, lugar de trabajo, hogar.
- Eventos fortuitos: incendio.
- Eventos dolosos: homicidio, lesiones, extorsión.

Campos de acción del riesgo:

- Seguridad industrial
- Seguridad indemnizatoria (seguros.)
- Seguridad física

Elementos esenciales del riesgo:

- Actor o agente primario: Es la persona delincuente
- Actor o agente secundario: víctima que puede ser persona o un bien.
- Situación de peligro: un acción
- Actuación dolosa: intencionalidad de daño

PELIGRO

Es una idea o acción intencional que busca producir daño, ejemplo atentado intencional, secuestro, extorsión, etc.

Tipos de peligro:

Sistemático: el atraco callejero, el robo de vehículos, hurto domiciliario, riesgo inocente.

Selectivo: el secuestro, la extorsión o el atentado personal.

DAÑO

Es una lesión moral, sicológica o material que sufre una persona o sólo material si se trata de un bien. Es también la concreción de un peligro o es la culminación del riesgo.

AMENAZA

Es la afirmación o insinuación de que se va a hacer un daño. La amenaza es pues, una forma de expresión del peligro, puede ser: expresa o tácita.

VULNERABILIDAD

Es un punto físico, es un comportamiento suficientemente débil que permite ser aprovechado por otros individuos para atacar a una persona en su integridad moral o física o aun bien material en su aspecto físico. La vulnerabilidad puede ser física, personal o de procedimientos.

PUNTO O ZONA CRITICA

Es un lugar donde las circunstancias permiten la existencia de un peligro o facilitan la comisión de un hecho delictivo contra personas o bienes.

FACTOR DE RIESGO

Es la condición característica o circunstancia de una persona u objeto que aumenta el nivel de riesgo, son:

- Perfil del sujeto pasivo (característica, personalidad)
- Las vulnerabilidades
- Los niveles de seguridad
- La frecuencia de los peligros
- La severidad (grado de violencia). Se denomina También como IMPACTO.

FRONTERAS DEL RIESGO

Como riesgo es la probabilidad de un daño, se concluye que no existe riesgo.

Cuando no existe posibilidad y la probabilidad del daño.

Cuando se sabe que el daño ocurrirá de todas maneras.

Las fronteras del riesgo están constituidas por la imposibilidad y la certeza.

POSIBILIDAD

Es la capacidad física, moral o material que tiene un actor primario a agente dañino de producir un daño.

PROBABILIDAD

Es la certeza mayor o menor de que puede ocurrir un daño. La probabilidad puede depender tanto del agente primario como del secundario. Una cosa puede ser posible pero nada probable.

LA POSIBILIDAD ESTA MAS DESARROLLADA CON EL PELIGRO.

La probabilidad con la ocurrencia de un incidente o un daño.

DIFERENCIAS

Riesgo: Es una situación

Peligro: Es una acción

Vulnerabilidad: Es una circunstancia

Daño: Es un resultado.

RELACION DE RIESGO

Es la relación que puede haber entre un peligro y una víctima potencial. Es el establecimiento de la posible relación de Causa y Efecto.

INCIDENTE O EVENTO

Es todo acontecimiento hecho o acción que se produce y en el cual están en peligro las personas o las cosas. En los eventos puede o no haber resultados dañinos.

FRECUENCIA

Es el número de incidentes de un mismo tipo ocurrido en un lapso de tiempo determinado.

IMPACTO, SEVERIDAD O INTENSIDAD

Es la gravedad del daño ocurrido en un incidente y se valora en forma cuantitativa.

CALCULO DEL RIESGO

Se mide por:

Tiempo
Distancia
Circunstancia
Niveles de seguridad
Factores de riesgo

NIVELES O GRADOS DE RIESGO

Alto: Mas del 70% de posibilidad

Medio: Entre un 30% a un 70% de posibilidad

Bajo: Menos de un 30% de posibilidad.

Certeza: 100% de posibilidad

Alto: 70% de posibilidad

Medio: 30% de posibilidad.

Imposible: 0%.

CLASIFICACION DEL RIESGO

Por los intereses que afectan:

Personales: Atentados o secuestros

Reales: Hurto o daño,

Patrimoniales: Extorsión, estafa.

Por el conocimiento:

Inocente

Calculado

Por el tiempo:

Actual

Potencial

Por procedencia:

Interno

Externo.

Por variabilidad del peligro:

Constante

Progresivo

Decreciente

ANALISIS DEL RIESGO

Es un proceso mediante el cual se identifican los riesgos y se establece la incidencia que puede tener en la vida una persona o en las operaciones de la empresa, así como el índice de probabilidades con el fin de determinar las medidas de seguridad adecuados tendientes a evitar o minimizar los daños.

PROPOSITO DEL ANALISIS DEL RIESGO

Es crear conciencia dentro de una organización o en una persona interesada entre la existencia o no de algunos riesgos y evaluar la influencia que tendría un evento dañino en las operaciones de una empresa o en la vida normal de una persona y su familia.

SISTEMA INTEGRADO DE GESTIÓN

(GERENCIA DE RIESGOS Y SEGUROS).

COBIT 4.0

Definición

Es el modelo para el Gobierno de la TI desarrollado por la Information Systems Audit and Control Association (ISACA) y el IT Governance Institute (ITGI).

Tiene 34 objetivos nivel altos que cubren 215 objetivos de control clasificados en cuatro dominios: El plan y Organiza, Adquiere y Pone en práctica, Entrega y Apoya, y Supervisa y Evalúa.

Enfatiza el cumplimiento normativo, ayuda a las organizaciones a incrementar el valor de TI., apoya el alineamiento con el negocio y simplifica la implantación del COBIT. Esta versión no invalida el trabajo efectuado con las versiones anteriores del COBIT, sino que mejora el trabajo hecho.

Representa los esfuerzos de literalmente cientos de expertos de voluntario de en el mundo entero. Lo ofrecen como un descargado libre (gratis) de www.isaca.org/cobit, y, como una ventaja especial para miembros ISACA, está disponible a miembros exclusivamente durante un período de dos semanas. El 16 de diciembre, el descargado se hará disponible públicamente.

Es un marco de gobernación TI que permite a gerentes acortar el hueco entre exigencias de control, cuestiones técnicas y riesgos de negocio. COBIT permite el desarrollo claro de política y la práctica buena para el control de TI en todas partes de organizaciones.

La última versión del ITGI - COBIT ® 4.0 - acentúa el cumplimiento regulador, ayuda a organizaciones a aumentar el valor logrado de TI, permite la alineación y simplifica la puesta en práctica del marco COBIT. Esto no invalida el trabajo hecho basado en las versiones más tempranas de COBIT, pero en cambio puede ser usado realzar el trabajo ya hecho basado sobre aquellas versiones más tempranas. Cuando actividades principales son planeadas para iniciativas de gobernación TI, o cuando una revisión y reparación del marco de control de la empresa es esperada (prevista), le recomiendan comenzar fresco con COBIT 4.0. COBIT 4.0 actividades de regalos en una manera más dinamizada y práctica tan la mejora continua de la gobernación TI es más fácil que alguna vez para alcanzar.

Esta nueva versión refleja la armonización aumentada con otras normas detalladas, el énfasis mayor sobre la gobernación TI, el dinamizar de conceptos y lengua, y el análisis detallado de conceptos de métrico, entre otras mejoras.

El nuevo volumen, consistiendo en más de 200 páginas, incluye una descripción ejecutiva, el marco, el contenido principal (el control de alto nivel objetivos de control objetivo, detallado, directriz de dirección y el modelo de madurez) para cada uno de los 34 procesos, y varios apéndices.

RESEÑA HISTÓRICA.:

Comenzando con el marco de COBIT definido en la primera edición, el uso de estándares internacionales, las pautas y la investigación en las mejores prácticas condujeron al desarrollo de los objetivos del control. Las pautas de la intervención fueron desarrolladas después para determinar si estos objetivos del control están puestos en ejecución apropiadamente.

La investigación para las primeras y segundas ediciones incluyó la colección y el análisis de fuentes internacionales identificadas y fue realizada por los equipos en Europa (universidad libre de Ámsterdam), los E.E.U.U. (universidad politécnica de California) y Australia (universidad de Nuevo Gales del Sur). Cargaron a los investigadores con la compilación, la revisión, el gravamen y la incorporación apropiada de los estándares técnicos internacionales, códigos de la conducta, estándares de calidad, estándares profesionales en la revisión, y las prácticas y los requisitos de la industria, como se relacionan con el marco y con los objetivos del control individual. Después de la colección y del análisis, desafiaron a los investigadores a examinar cada dominio y a procesar profundizado y a sugerir los nuevos o modificados objetivos del control aplicables a ese detalle ÉL proceso. La consolidación de los resultados fue realizada por el comité de dirección de COBIT.

El proyecto de la edición de COBIT 3ro consistió en el desarrollar de las pautas de la gerencia y el poner al día de la edición de COBIT 2do basada en nuevas y revisadas referencias internacionales.

Además, el marco de COBIT fue revisado y realzado para apoyar aumentó control de la gerencia, introduce a gerencia de funcionamiento y la desarrolla más lejos gobierno. Proveer la gerencia un uso del marco, así que de él puede determinar y hacer las opciones para la puesta en práctica y las mejoras del control sobre su información y tecnología relacionada, así como funcionamiento de la medida, las pautas de la gerencia incluyen modelos de la madurez, factores críticos del éxito, los indicadores dominantes de la meta y los indicadores dominantes del funcionamiento relacionados con los objetivos del control.

Las pautas de la gerencia fueron desarrolladas usando un panel mundial de 40 expertos de la academia, gobierno y ÉL profesión del gobierno, del aseguramiento, del control y de la seguridad. Estos expertos participaron en un taller residencial dirigido los facilitadores profesionales y usando las pautas del desarrollo definidas por el comité de dirección de COBIT. El taller fue apoyado fuertemente por el grupo y el **PRICE WATER HOUSE COOPERS** de **GARTNER,** que no sólo proporcionaron la dirección del pensamiento pero también envió varias de sus expertos en control, de gerencia de funcionamiento y de seguridad de la información. Los resultados del taller eran modelos de la madurez del bosquejo, factores críticos del éxito, indicadores dominantes de la meta e indicadores dominantes del funcionamiento para cada uno de los objetivos de alto nivel del control de **COBIT 34.** La garantía de calidad de los delibérales iniciales fue conducida por el comité de dirección de **COBIT** y los resultados fueron fijados para la exposición en el **WEB SITE** de **ISACA.** El documento de las pautas de la gerencia ofreció un nuevo sistema gerencia-orientado de herramientas, mientras que proveía de la integración y de la consistencia el marco de **COBIT.**

La actualización a los objetivos del control en la edición de **COBIT 3ro,** basada en nuevas y revisadas referencias internacionales, fue conducida por los miembros de los capítulos de **ISACA,** bajo dirección de los miembros del comité de dirección de **COBIT.** La intención no era realizar un análisis global de todo el material o de una reconstrucción de los objetivos del control, sino proporcionar un proceso incremental de la actualización. Los resultados del desarrollo de las pautas de la gerencia entonces fueron utilizados para revisar el marco de **COBIT,** especialmente las consideraciones, las metas y las declaraciones del activador de los objetivos de alto nivel del control. La edición de **COBIT 3ro** fue publicada en julio de 2000.

Los Objetivos de Control para la Información y la Tecnología relacionada **(COBIT)** son un juego de las mejores prácticas (el marco) para la información (TI) la dirección creada por la Revisión de cuentas de Sistemas de Información y la Asociación de Control **(ISACA),** y el Instituto de Gobernación TI (**ITGI**) en 1992.

"COBIT 4.0 ayudará a llevar las directrices de gobierno TI a más ejecutivos de negocio y de TI ", según **FRANK YAM**, vicepresidente de **INFORMACITION SYSTEMS AUDIT AND CONTROL ASSOCIATION (ISACA).**

La primera edición fue publicada en 1996; la segunda edición en 1998; la tercera edición en 2000 (la edición en línea se hizo disponible en 2003); y la cuarta edición en diciembre de 2005. Esto más recientemente ha sido bien recibido debido a acontecimientos externos, sobre todo el escándalo **ENRON** y el paso subsecuente del Acto de **SARBANES-OXLEY.**

COBIT 4.0 es la primera actualización del contenido de **COBIT** ya que COBIT la 3a Edición fue liberado en 2000.

PARA QUÉ SIRVE

Independientemente de la realidad tecnológica de cada caso concreto, COBIT determina, con el respaldo de las principales normas técnicas internacionales, un conjunto de mejores prácticas para la seguridad, la calidad, la eficacia y la eficiencia en TI que son necesarias para alinear TI con el negocio, identificar riesgos, entregar valor al negocio, gestionar recursos y medir el desempeño, el cumplimiento de metas y el nivel de madurez de los procesos de la organización.

Proporciona a gerentes, interventores, y usuarios TI con un juego de medidas generalmente aceptadas, indicadores, procesos y las mejores prácticas para ayudar a ellos en el maximizar las ventajas sacadas por el empleo de tecnología de información y desarrollo de la gobernación apropiada TI y el control en una empresa.

Proporciona ventajas a gerentes, TI usuarios, e interventores. Los gerentes se benefician de COBIT porque esto provee de ellos de una fundación sobre cual TI las decisiones relacionadas e inversiones pueden estar basadas. La toma de decisiones es más eficaz porque COBIT ayuda la dirección en la definición de un plan de TI estratégico, la definición de la arquitectura de la información, la adquisición del hardware necesario TI y el software para ejecutar una estrategia TI, la aseguración del servicio continuo, y la supervisión del funcionamiento del sistema TI. TI usuarios se benefician de COBIT debido al aseguramiento proporcionado a ellos si los usos que ayudan en la reunión, el tratamiento, y el reportaje de información cumplen con COBIT ya que esto implica mandos y la seguridad es en el lugar para gobernar los procesos. COBIT beneficia a interventores porque esto les ayuda a identificar cuestiones de control de TI dentro de la infraestructura TI de una empresa. Esto también les ayuda a corroborar sus conclusiones de auditoría.

La misión COBIT es " para investigar, desarrollar, hacer público y promover un juego autoritario, actualizado, internacional de objetivos de control de tecnología de información generalmente aceptados para el empleo cotidiano por directores comerciales e interventores. "Los gerentes, interventores, y usuarios se benefician del desarrollo de COBIT porque esto les ayuda a entender sus sistemas TI y decidir el nivel de seguridad (valor) y control que es necesario para proteger el activo de sus empresas por el desarrollo de un modelo de gobernación TI.

COBIT FAMILIA DE PRODUCTO

El paquete de programas de COBIT completo es un juego que consiste en seis publicaciones:

Resumen (Sumario) Ejecutivo

Proporcionan una breve descripción de cada uno de los susodichos componentes debajo.

Resumen (Sumario) Ejecutivo

Las decisiones de negocio están basadas en la información oportuna, relevante y concisa. Expresamente diseñado para directores ejecutivos embutidos de tiempo y gerentes, el Resumen (Sumario) COBIT Ejecutivo, consiste en una descripción ejecutiva que proporciona una conciencia cuidadosa y el entendimiento de los conceptos claves del COBIT y principios. También incluido es un resumen del Marco, que proporciona un entendimiento más detallado de estos conceptos y principios, identificando los cuatro dominios del COBIT (la Planificación y la Organización, la Adquisición y la Puesta en práctica, la Entrega y el Apoyo, la Supervisión) y 34 procesos de TI.-

Marco

Una organización acertada es construida sobre un marco sólido de datos e información. El Marco explica como los procesos de TI entregan la información que el negocio tiene que alcanzar sus objetivos. Esta entrega es controlada por 34 objetivos de control de alto nivel, un para cada proceso de TI, contenida en los cuatro dominios. El Marco se identifica cuál de los siete criterios de la información (la eficacia, la eficacia, la confidencialidad, la integridad, la disponibilidad, el cumplimiento y la fiabilidad), así como que recursos TI (la gente, usos, tecnología, instalaciones y datos) son importantes para los procesos de TI para totalmente apoyar el objetivo de negocio.-

Objetivos de Control

La llave al mantenimiento de la rentabilidad en un ambiente que se cambia tecnológicamente es como bien usted mantiene el control. Los Objetivos de Control del **COBIT** proveen la perspicacia **(idea)** crítica tuvo que delinear una práctica clara de política y buena para mandos de TI. Incluido son las declaraciones de resultados deseados u objetivos para ser alcanzados por poniendo en práctica los 215 objetivos de control específicos, detallados en todas partes de los 34 procesos de TI.-

Directrices De auditoria

Analice, evalúa, haga de intérprete, reaccione, el instrumento. Para alcanzar sus objetivos deseados y objetivos usted y coherentemente constantemente debe revisar sus procedimientos. Directrices de auditoria perfilan y aconsejan actividades reales ser realizadas correspondiente a cada uno de los 34
objetivos de control de TI de alto nivel, justificando el riesgo de objetivos de control no siendo encontrados. Directrices de auditoria son un instrumento inestimable para interventores de sistemas de información en el aseguramiento de dirección que provee y/o el consejo para la mejora.

Instrumento de puesta en práctica

Un Instrumento de Puesta en práctica, que contiene la Conciencia de Dirección y el Diagnóstico de Control de TI, y la Guía de Puesta en práctica, **FAQs**, estudios de caso de organizaciones actualmente que usan COBIT, y las presentaciones de diapositiva que pueden ser usadas introducir COBIT en organizaciones. El nuevo Juego de Instrumento es diseñado para facilitar la puesta en práctica de COBIT, relacionar lecciones cultas de organizaciones que rápidamente y satisfactoriamente aplicado COBIT en sus ambientes de trabajo, y la dirección de plomo(ventajosa) para preguntar sobre cada COBIT tratan: ¿Este dominio es importante para nuestros objetivos de negocio? ¿Bien es realizado? ¿Quién lo hace y quien es responsable? ¿Son formalizados los procesos y el control?

Directrices de Dirección

Para asegurar una empresa acertada, usted con eficacia debe manejar la unión eficaz entre procesos de negocio y sistemas de información. Las nuevas Directrices de Dirección son compuestas de Modelos de Madurez, ayudar determinar las etapas y los niveles de expectativa de control y compararlos contra normas de industria; Factores de Éxito Críticos, para identificar las acciones más importantes para alcanzar control de los procesos de TI; Indicadores de Objetivo Claves, para definir los niveles objetivo de funcionamiento; e Indicadores de Funcionamiento Claves, para medir si un proceso de control de TI encuentra su objetivo. Estas Directrices de Dirección ayudarán a contestar las preguntas de preocupación (interés) inmediata a todo los que tienen una estaca (un interés) en el éxito de la empresa.

COMO SE APLICA O COMO SE USA

Organizaciones acertadas entienden las ventajas de tecnología de información (TI) y usan este conocimiento para conducir el valor de sus accionistas. Ellos reconocen la dependencia crítica de muchos procesos de negocio sobre TI, la necesidad de cumplir con demandas de cumplimiento crecientes reguladoras y las ventajas de riesgo directivo con eficacia. Para ayudar organizaciones en satisfactoriamente la reunión de desafíos de hoy de negocio, el Instituto de Gobernación TI ® (ITGI) ha publicado la versión 4.0 de Objetivos de Control para la Información y ha relacionado la

Tecnología (COBIT ®).

El acercamiento a la utilización COBIT Lo maneja - riesgos relacionados de negocio:

- El empleo bajo sobre objetivos de negocio en el Marco COBIT
- Seleccionan, procesa y controla TI apropiado por la organización de los Objetivos de Control de COBIT
- Funcionan del plan de negocio de organización
- Evalúan procedimientos y los resultados con Directrices de Revisión de cuentas de COBIT
- Evalúan el estado de la organización, identifican factores de éxito críticos, miden el funcionamiento con las Directrices de Dirección

COBIT Para desarrollar un juego sano de procesos:

*Escogen los Objetivos de Control que caben en los objetivos de negocio

*Identifican los modelos de industria que proporcionan la dirección para apoyar procesos (CMMI, Poblar CMM, ITIL)

COBIT cubre cuatro dominios:

Planificación y Organización
Adquiera e Instrumento
Entregue y Apoyo
Monitor y Evalúa
Planificación y Organización

La Planificación y el dominio de Organización: cubren el empleo de tecnología y como mejor esto puede ser usado en una empresa ayudar alcanzar los objetivos de la empresa y objetivos. Esto también destaca la forma de organización e infraestructura TI debe tomar para alcanzar los resultados óptimos y generar la mayor parte de ventajas del empleo de TI. La mesa siguiente cataloga los objetivos de control nivel altos para el dominio de Organización y la Planificación.

OBJETIVOS DE CONTROL DE LOS NIVELES ALTOS

Planificación y Organización

PO1 Definen un Plan de TI Estratégico
PO2 Definen la Información Arquitectura
PO3 Determinan Dirección Tecnológica
PO4 Definen los Procesos de TI, Organización y Relaciones
PO5 Manejan la Inversión TI
PO6 Comunican Objetivos de Dirección y Dirección
PO7 Manejan Recursos TI Humanos
PO8 Manejan Calidad
PO9 Evalúan y Manejan Riesgos de TI
PO10 Manejan Proyectos

Adquiera el Instrumento

Identificación de sus exigencias TI, adquiriendo la tecnología, y poniéndolo en práctica (realización) dentro de los procesos de negocio corrientes de la empresa. Este dominio también dirige el desarrollo de un plan de mantenimiento que una empresa debería adoptar para prolongar la vida de un sistema TI y sus componentes. La mesa siguiente cataloga los objetivos de control nivel altos para el dominio de Puesta en práctica y la Adquisición.

OBJETIVOS DE CONTROL NIVEL ALTOS

Adquiera el Instrumento

AI1 Identifican Soluciones Automatizadas

AI2 Adquieren y Mantienen Software De aplicación

AI3 Adquieren y Mantienen Infraestructura de Tecnología

AI4 Permiten Operación y Usan AI5 Procuran Recursos TI

AI6 Manejan Cambios

AI7 Instalan y Acreditan Soluciones y Cambios

Entrega y Apoyo

La Entrega y el dominio de Apoyo enfocan en los aspectos de entrega de la tecnología de información. Esto cubre áreas como la ejecución de los usos dentro del sistema TI y sus resultados, así como, los procesos de apoyo que permiten la ejecución eficaz y eficiente de estos sistemas TI. Estos procesos de apoyo incluyen cuestiones de seguridad y educación (entrenamiento). La mesa siguiente cataloga los objetivos de control nivel altos para el dominio de Apoyo y la Entrega.

OBJETIVOS DE CONTROL NIVEL ALTOS

Entregue y Apoyo

DS1 Definen y Manejan Niveles de Servicio

DS2 Manejan Servicios de Tercero

DS3 Manejan Funcionamiento y Capacidad

DS4 Aseguran Servicio Continuo

DS5 Aseguran Seguridad de Sistemas

DS6 Identifican y Asignan Gastos

DS7 Educan y Entrenan a Usuarios

DS8 Manejan Escritorio de Servicio e Incidentes

DS9 Manejan la Configuración

DS10 Manejan Problemas
DS11 Manejan Datos
DS12 Manejan el Ambiente Físico
DS13 Manejan Operaciones

Monitor y Evaluación

La Supervisión y el dominio de Evaluación tratan con la estratega de una empresa en la evaluación de las necesidades de la empresa y si realmente la corriente TI el sistema todavía encuentra los objetivos para los cuales fue diseñado y los mandos necesarios de cumplir con exigencias reguladoras. La supervisión también cubre la cuestión de una evaluación independiente de la eficacia de sistema TI en su capacidad de encontrar objetivos de negocio y los procesos de control de la empresa por interventores internos y externos. La mesa siguiente cataloga los objetivos de control nivel altos para la Supervisión del dominio.

OBJETIVOS DE CONTROL NIVEL ALTOS

Monitor y Evalúa
ME1 Supervisan y Evalúan Procesos de TI
ME2 Supervisan y Evalúan Control Interno
ME3 Aseguran Cumplimiento Regulador
ME4 Proporcionan Gobernación TI

COBIT y OTRAS NORMAS/ COBIT y ISO/IEC 17799:2005

Las dos normas internacionales usadas hoy son **COBIT Y ISO/IEC 17799:2005.** COBIT (**Objetivos de Control para la Información y la Tecnología relacionada**) fue liberado y usado principalmente por la comunidad TI. En 1998, las Directrices de Dirección fueron añadidas, y **COBIT** se hizo el marco internacionalmente aceptado para la gobernación TI y el control. **ISO/IEC 17799:2005** (el Código de práctica para la Seguridad de Información la Dirección) es también un estándar internacional y es la mejor práctica para poner en práctica la dirección de seguridad. Las dos normas no compiten el uno con el otro y en realidad complementan el uno al otro. **COBIT** típicamente cubre una más amplia área mientras **ISO/IEC 17799** profundamente es enfocado (concentrado) en el área de seguridad.

Abajo se describe la interrelación de las dos normas así como **ISO/IEC 17799** puede ser integrado con **COBIT.**

(+) El marcar bueno (más de dos ISO/IEC 17799:2005 los objetivos fueron trazados un mapa de a un proceso de COBIT)

(0) En parte el marcar (uno o dos ISO/IEC 17799:2005 objetivos fue trazado un mapa de a un proceso de COBIT)

(-) No o el marcar menor (ningún ISO/IEC 17799:2005 el objetivo fue trazado un mapa de a un proceso de COBIT)

(.) No existe

COBIT Y SARBANES OXLEY: Requieren las empresas públicas que son sujetos a EE UU **SARBANES OXLEY** el Acto de 2002 para adoptar los marcos de control siguientes: el Comité de Patrocinar las Organizaciones de la Comisión de **TREADWAY (COSO)** el Control Interno Integró el Marco y los Objetivos de Control del Instituto de Gobernación TI para la Información y la Tecnología Relacionada (COBIT). En el escogimiento cuál de los marcos de control para poner en práctica para cumplir con **SARBANES-OXLEY,** las Seguridades estadounidenses y la Comisión De cambio sugieren que las empresas sigan el marco **COSO.**

COSO el Control Interno Se integró el Marco declara que el control interno es un proceso - establecido por la junta directivo de una entidad, la dirección, y otro personal - diseñado para proporcionar el aseguramiento razonable en cuanto al logro de objetivos indicados.

COBIT se acerca al control de TI por mirar la información - no la información solamente (justo) financiera - que es necesario para apoyar exigencias de negocio y los recursos asociados TI y procesos. COSO objetivos de control enfocan la eficacia, la eficacia de operaciones, el reportaje confiable financiero, y el cumplimiento con leyes y regulaciones. **COBIT** es ampliado para cubrir la calidad y exigencias de seguridad en siete categorías de traslapo, que incluyen la eficacia, la eficacia, la confidencialidad, la integridad, la disponibilidad, el cumplimiento, y la fiabilidad de información.

Estas categorías forman la fundación para los objetivos de control del **COBIT**. Los dos marcos también tienen el público diferente. **COSO** es útil para la dirección en general, mientras COBIT es útil para la dirección, usuarios, e interventores. COBIT expresamente es enfocado (concentrado) en mandos de TI. A causa de estas diferencias, interventores no deberían esperar una relación de uno a uno entre los cinco componentes de control de **COSO** y los cuatro dominios **COBIT** objetivos.

6

TOMA DE DECISIONES

Definición

Se define como la selección de un curso de acción entre una serie de alternativas.

La toma de decisiones es un proceso crucial que involucra evaluar opciones y elegir la mejor acción posible según los objetivos y circunstancias.

FREEMONT E. KAST Decidir significa adoptar una posición. Implica dos o más alternativas bajo consideración y la persona que decide tendrá que elegir entre ellas.

STEPHEN P. ROBBINS Forma como el hombre se comporta y actúa conforme a maximizar u optimizar cierto resultado, las decisiones se toman como reacción ante un problema. Existe una discrepancia entre el estado corriente de las cosas y el estado deseado la cual requiere que se considere otros cursos de acción.

MODDI Es una acción que debe tomarse cuando ya no hay más tiempo para recoger información.

HAROLD KOONTS Decisión es la elección de un curso de acción entre alternativas, se encuentra entre el núcleo de planeación.

Categorías básicas de decisiones

Las decisiones suelen clasificarse en varias categorías, como:

a) Considerando al individuo o al grupo social
Individuales: Tomadas por una persona.

Grupales: Tomadas por un grupo de personas colaborando.

b) Considerando problemas repetitivos o de rutina, y únicos y complejos

Programadas: Repetitivas y rutinarias, siguen procedimientos establecidos.

No programadas: Únicas y no se pueden manejar mediante procedimientos predefinidos.

c)Por tipos de problemas y de soluciones

Rutinarias: Decididas con frecuencia y de manera regular.

No rutinarias: Tomadas en circunstancias excepcionales o no habituales.

Operativas: Relacionadas con actividades diarias y tareas rutinarias.

Estratégicas: Involucran elecciones a largo plazo que afectan a toda la organización.

Estas categorías ayudan a comprender la naturaleza y el alcance de las decisiones en diferentes contextos.

ESTILOS PARA TOMAR DECISIONES

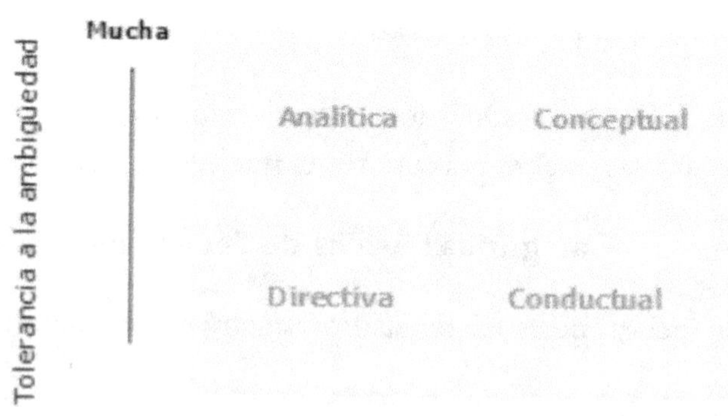

La premisa básica del modelo de toma de decisiones es que reconoce que las personas difieren en dos dimensiones. La primera en su forma de pensar. Algunas personas que toman decisiones son lógicas y racionales. Por ello, procesan información siguiendo una secuencia. Por contraste, otras personas piensan en forma creativa y usan su intuición. Suelen ver las cosas desde la perspectiva de un panorama amplio. La segunda dimensión se refiere a la cantidad de ambigüedad que toleran las personas. Algunas necesitan mucha congruencia y orden para tomar decisiones, por lo que la ambigüedad se reduce al mínimo. No obstante, otras son capaces de asumir cantidades importantes de incertidumbre y pueden procesar muchos pensamientos al mismo tiempo.

Estilo directivo: Poca tolerancia ante la ambigüedad y una forma racional de pensar. Estas personas son lógicas y eficientes y, por lo general, toman decisiones rápidas, enfocadas a corto plazo.

Estilo analítico: Se caracteriza por una gran tolerancia a la ambigüedad, combinada con una forma racional de pensar. Estas personas prefieren tener información completa antes de tomar una decisión. Analizan muchas alternativas.

Estilo conceptual: Representa a la persona que suele tener una perspectiva muy amplia y que analiza muchas alternativas. Suelen enfocarse al largo plazo y buscan soluciones creativas.

Estilo conductual: Refleja a la que razona de manera intuitiva, pero que tolera muy poca incertidumbre. Estas personas están abiertas a las sugerencias.

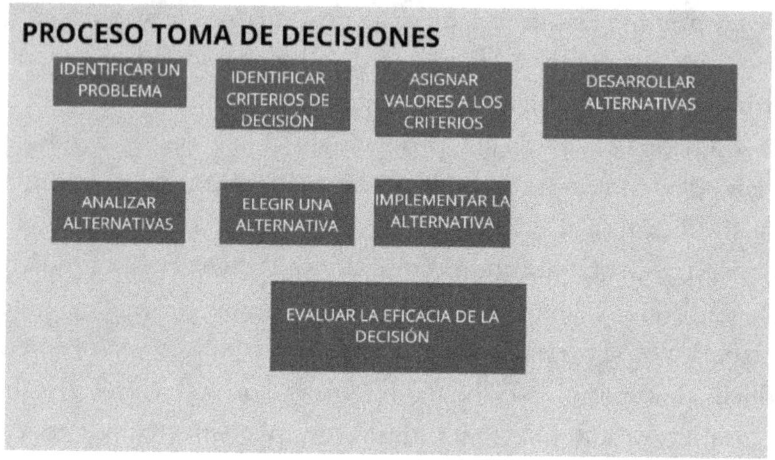

TOMA DE DECISIONES ADMINISTRATIVAS

Certeza: toda la información que necesita quien toma decisiones está disponible

Riesgo: Se tienen metas muy precisas y se dispone de buena información

Incertidumbre: La información acerca de las metas es incompleta

Ambigüedad: Condición relacionada con conflictos, información confusa y relaciones poco claras entre los elementos de la decisión

LOUIS GERSTNER, DE IBM, COMO TOMADOR DE DECISIONES

Al principio parecería poco probable que un gerente con

carrera en Nabisco y American Express seria la persona que pudiera dirigir una compañía de orientación técnica como IBM para sacarla de su difícil situación en 1993. no obstante, eso fue precisamente lo que Louis Gerstner hizo con dos decisiones clave: primero, no dividió a la compañía; segundo, se enfocó en el negocio de servicio. Para 2001, su negocio mundial era de rápido crecimiento.

Una de las decisiones estratégicas de Gerstner fue en el mercado de servidores, donde Sun Microsystems dominaba con sus servidores UNIX. IBM fue capaz de reducir sus precios y, por tanto, puso a sus competidores como Sun, Hewlett-Packard bajo presión extrema.

Racionalidad en la toma de decisiones

Las personas que actúan o deciden racionalmente están intentando alcanzar alguna meta que no se puede lograr sin acción. Necesitan comprender en forma clara los cursos alternativos mediante los cuales se puede alcanzar una meta de acuerdo a las circunstancias y limitaciones existentes. Se necesita también la información y la capacidad para analizar y evaluar las alternativas de acuerdo con la meta deseada. Por último, necesitan tener el deseo de llegar a la mejor solución mediante la selección de la alternativa que satisfaga de un modo más efectivo el logro de la meta.

Es raro que las personas logren una racionalidad completa, en particular en la administración como en la ingeniería.

1. **En primer lugar,** como nadie puede tomar decisiones que afecten el pasado, las decisiones tienen que operar para el futuro.

2. **Es difícil reconocer todas las alternativas** que se pudieran seguir para alcanzar una meta; esto es cierto cuando en especial la toma de decisiones incluye oportunidades de hacer algo que no se ha hecho antes. Es más, en la mayor parte de los casos no se pueden analizar todas las alternativas e incluso con las

técnicas analíticas y las computadoras masa modernas disponibles.

Ej.: las decisiones gerenciales se toman con el deseo de "resolver" en una forma tan segura como sea posible, la mayoría de los gerentes sí intentan tomara las mejores decisiones que puedan dentro de los límites de la racionalidad y de acuerdo al tamaño y la naturaleza de los riesgos involucrados.

Análisis de problemas

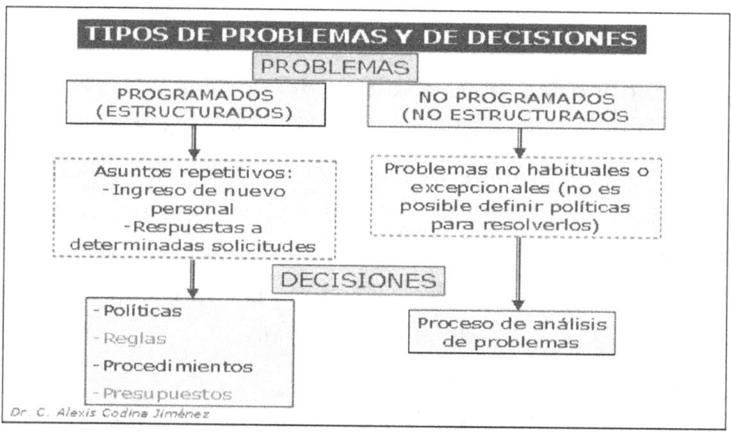

Es la parte del proceso de decisiones en la que se buscan los hechos y se aíslan sus causas. Estas causas deben identificarse con mucha exactitud, pues de lo contrario sólo se estará haciendo un análisis superficial que no llevará a ninguna conclusión acertada ni permitirá hacer conclusiones sobre la tendencia que tomará el problema.

Mucho del trabajo que realizan los supervisores radica en la solución de problemas y toma de decisiones. A menudo lo hacen reaccionando ante ellas bajo el factor estrés o tiempo.

La Toma de Decisiones es una destreza que puede ser aprendida por todos y todas.

Existen dos tipos básicos de decisiones: las que se dan usando un proceso específico y aquellas que se dan por sí solas.

Ambos tipos proveen oportunidades y experiencias de aprendizaje. La ventaja de utilizar un proceso específico la toma de decisiones es que reduce los niveles de estrés.

Aquellas decisiones sabias son las que se toman utilizando un proceso definido.

Este proceso está basado en los valores y percepciones del aquel que toma la decisión. Incluye la consideración de alternativas y opciones a través de una evaluación periódica de las decisiones y sus efectos.

Cada "problema" puede ser visto como una "oportunidad" de cambio.

El tema se ha denominado Análisis de problemas y toma de decisiones, porque estas son realmente dos funciones separadas. La etapa de análisis del problema es aquella en la cual se reúnen y revisan los hechos de una situación problemática. Su propósito es hallar la causa o causas de la misma. La segunda etapa es la de toma real de decisiones, en ella es donde se proponen las soluciones alternativas y se hace una elección eventual. Esta etapa podría denominarse como la del resultado o de la acción.

Por tanto, el primer paso en la toma de decisiones es identificarlos problemas sobre los que es necesario decidir. Para Drucker, una de las habilidades principales de un dirigente es su capacidad para identificar los problemas principales, es decir, las situaciones más importantes que deben mejorarse en su organización.

Es la parte del proceso de decisiones en la que se buscan los hechos y se aíslan sus causas. Estas causas deben identificarse con mucha exactitud, pues de lo contrario sólo se estará haciendo un análisis superficial que no llevará a ninguna conclusión acertada ni permitirá hacer conclusiones sobre la tendencia que tomará el problema. En este momento es bueno recordar que " ***un problema claramente identificado y con sus causas aisladas, ya está en la mitad de su solución***". Con el objeto de llegar a un análisis racional del caso, se deben seguir los siguientes pasos:

En este momento es bueno recordar que un problema claramente identificado y con sus causas aisladas, ya está en la mitad de su solución, Con el objeto de llegar a un análisis racional del caso, se deben seguir los siguientes pasos:

1.Reconocimiento de los problemas potenciales

Surge un problema cuando existen diferencias entre lo que uno espera que suceda y lo que sucede realmente perjudicando a la empresa o al servicio.

Cuando esto sucede, el encargado de seguridad debe reconocer que se encuentra ante un problema. Generalmente los problemas vienen con varias causas o se presentan varios problemas al mismo tiempo, entonces el encargado de solucionarlos debe ordenarlos en orden de importancia.

Si se presenta un problema considerado como complejo es aconsejable que se proceda a contestar las preguntas mencionadas hasta que se logren describir los problemas relacionados.

Es importante verificar el entendimiento de los problemas. Esto se puede lograr con el diálogo con un par para clarificar conceptos.

Otro aspecto a considerar es establecer un orden o prioridad en los problemas a tratar. Para ello es útil distinguir entre "urgente" e "importante".

El entender nuestro rol en el problema es importante, pues influye grandemente en como uno percibe el rol de los demás.

Generalmente los problemas vienen con varias causas o se presentan varios problemas al mismo tiempo, entonces el encargado de solucionarlos debe ordenarlos en orden de importancia. Hecho lo anterior, se pasa al paso .2

2.Identificación de prioridades

El segundo paso que debe hacer el investigador es establecer prioridades, pues es casi imposible resolver a la vez todas las situaciones de conflicto que se presenten; una forma de establecerlas es determinar cuál será el impacto del problema sobre la empresa o sobre las normas de seguridad.

En este momento el investigador debe definir cuál de todos los problemas merece atención inmediata y cuáles pueden ser pospuestos, Es necesario que él analice y defina con profesionalismo y precisión cuales son los que quisiera resolver y cuáles son los que tiene que resolver. De esta manera se llega a la situación del se hace o no se hace.

Se debe hacer el analista es establecer prioridades, pues es casi imposible resolver a la vez todas las situaciones de conflicto que se presenten; una forma de establecerlas, es determinar cuál será el impacto del problema sobre la empresa o sobre las normas de seguridad.

Después de listar los problemas en orden de prioridades se hace una nueva selección y este procedimiento se repite varias veces hasta quedar con el que verdaderamente requiere solución inmediata recordando que según las normas de administración de cada 10 problemas sólo 2 requieren solución inmediata.

Es **INMINENTE** que él analice y defina con profesionalismo y precisión cuales son los que quisiera resolver (porque de pronto le gusta o está predispuesto a ello**), y cuáles son los** *que tiene que resolver.* De esta manera se llega a la situación del: se *hace o no se hace.* Realizado lo anterior, se pasa al paso 3.

3.Precisión en el aislamiento y descripción de la causa o causas

Causa es aquello que hace que se presente una situación particular. Aparece la necesidad de describir con la mayor exactitud **cuál es el motivo o la causa del problema;** es importante hacerlo pues es en este paso donde empieza a tomar forma la decisión que se elegirá para dar solución. Para esto, el analista debe:

Aparece la necesidad de describir con la mayor exactitud cuál es el motivo o la causa del problema; es importante hacerlo pues es en este paso donde empieza a tomar forma la decisión que se elegirá para dar solución. **Para esto, el investigador debe:**

a-Proveerse de la mayor información relacionada con el problema
b-Estudiar la información con detenimiento y prudencia, evitando hacerlo con rapidez y en forma superficial.
c-Oír opiniones, pero no confundirlas con el hecho, una cosa es lo que la gente dice y otra es la que sucedió.
d-Estudiar que una persona no esté dando declaraciones con el sólo deseo de perjudicar a otra y por eso diga cosas falsas.
e-Nunca deduzca causas según lo que usted crea que pasó, dedúzcalas estudiando realmente lo que pasó.

Para un buen resultado sería conveniente concentrarse en un sistema de preguntas como las siguientes:

a-Quien o quienes cometieron el hecho o sufrieron el accidente
b-Qué paso realmente
c-Dónde ocurrió el hecho
d-Cuándo ocurrió el hecho
e-Cómo ocurrió el hecho
f-Qué cosas facilitaron cometer el hecho
g-En qué momento de un procedimiento sucedieron los hechos
h-Dónde empezaron los hechos
i-Dónde terminaron los hechos
j-Qué determinó que el hecho sucediera en ese lugar
k-Porque no se pudo evitar la ocurrencia del hecho
l-Hace cuánto tiempo sucedió el último hecho igual
m-Qué medidas se habían tomado para evitarlo
n-Estas medidas se estaban cumpliendo
ñ-Quién era el encargado del control cuando los hechos sucedieron

La respuesta a estas incógnitas nos acerca a las realidades y a la definición de las causas, las cuales deben ser estudiadas por separado,

4.Investigación de las causas

Causa es aquello que hace que se presente una situación particular. En este paso, como se dijo anteriormente, es donde se inicia el proceso de la toma de decisiones.

En este paso, como se dijo anteriormente, es donde se inicia el proceso de la toma de decisiones.

Diagramas De Causa Y Efecto: También denominado "diagrama de pescado", dado que su estructura es similar a la de un esqueleto de pescado y fue diseñado por el Dr. Kaduru Ishikawa. Para hacerlo se identifican o sugieren las causas probables mediante la aplicación del Brainstorming, detallando desde las aparentemente principales o más relevantes a las menos principales.

Hay que buscar que es lo que hace que los hechos se presenten en un momento y en un lugar determinados y no permanentemente y entonces el investigador debe establecer los siguientes aspectos:

- Edad del o los empleados comprometidos en el hecho
- Cuánto tiempo ha trabajado para la empresa.
- Cuánto tiempo en el sitio del problema.
- Qué clase de entrenamiento se le ha dado y cuál fue su desempeño.
- Qué actitudes tiene el empleado hacía las normas de la empresa y hacía sus supervisores.
- El o los hechos provienen de un acto inseguro.
- Los hechos provienen de una condición insegura en el ambiente de trabajo.
- El o los comprometidos son personas problemáticas o han presentado frecuentes fallas en el servicio.

- El comprometido está bien de salud y sus sentidos, especialmente oído y vista se han examinado últimamente, ¿hace cuánto.
- Sus facultades mentales están bien.
- Dentro de las causas cuál es la que más probabilidad presenta.
- Se ha profundizado en su estudio.

Una vez que el analista ha llegado a la mejor conclusión sobre la causa probable de los hechos, formula una consideración de cuáles fueron los factores generadores del problema, la cual debe ser lo más detallada posible un ejemplo sería: "el problema se debió a un entrenamiento inadecuado, a no obedecer las reglas de seguridad, al calor excesivo del ambiente y a la deficiente condición física del empleado fulano de tal.

5. Verificación de las causas propuestas

Es tal vez el paso más importante porque en él se establece o se confirma si las causas encontradas son válidas. **Para ello deben formularse las siguientes preguntas:**

a-Tiene suficiente importancia la causa propuesta como para haber producido el hecho.

b-Podrían otras causas haber producido el mismo hecho.

c-Los hechos sucedidos anteriormente y que son de la misma naturaleza, al ser investigados presentaron las mismas causas.

d-El investigador no presenta sesgos es decir inclinaciones en contra de algo o alguien.

e-Si se quitan las causas que el investigador determinó, de todas maneras, se produciría el hecho.

f-Si el investigador afirma que las causas se debieron por falta de algo, al colocar ese algo el hecho no hubiera sucedido.

La observación anterior nos permite trabajar sobre cosas reales en forma objetiva es decir sobre lo que es y nos aleja de apreciaciones subjetivas, lo que nos imaginamos que es, nos aleja de los síntomas o presentaciones que aparecen en diferentes casos y nos acerca a las causas reales o propias del caso en estudio. Con base en ellas entonces el directivo de seguridad o el supervisor, pueden tomar decisiones.

TOMA DE DECISIONES

Verificadas las causas se debe desarrollar una solución al problema. Esto se hace mediante el desarrollo de tres pasos que son:

- Desarrollar alternativas
- Seleccionar la mejor alternativa
- Poner en práctica la mejor alternativa
- En conjunto estos pasos constituyen el proceso para la toma de decisiones y la obtención de buenos resultados.

Desarrollo de alternativas

Para desarrollar alternativas se debe mirar el problema desde diferentes enfoques y emplear la técnica de creatividad o lluvia de ideas, mediante la cual, el analista recibe el concepto / solución de diferentes personas conocedoras del problema y las une a las suyas. De este número de alternativas a granel, se escogen las tres más opcionales para dar solución al problema.

Una vez que se han encontrado las alternativas apropiadas, el siguiente paso consiste en evaluarlas y elegir aquella que contribuya de mejor manera al logro del objetivo. Éste es el punto fundamental en la toma de decisiones (aunque éstas también deben tomarse en cuenta al elegir objetivos, escoger premisas e incluso al seleccionar alternativas).

Factores Cuantitativos Y Cualitativos. Al comparar planes alternos para alcanzar el objetivo, se debe pensar en estos dos factores. Los cuantitativos se miden en términos numéricos, como el tiempo o los diversos costos. Los cualitativos son difíciles de medir numéricamente, ejemplo: calidad de las relaciones laborales, riesgo del cambio, etc.

Técnicas cuantitativas para la toma de decisiones

Árbol de decisiones: Instrumento cuantitativo que sirve para analizar decisiones que implican una progresión de decisiones.

Análisis del punto de Equilibrio: Técnica para encontrar el punto en el cual el total de ingresos es justo para cubrir el total de costos.

Programación lineal: Técnica matemática que resuelve problemas de la asignación de recursos.

Teoría de colas (Fila de espera) Técnica que equilibra el costo por tener una fila de espera, con el costo del servicio por tenerla.

Análisis De Costo-Beneficio. Busca la mejor relación entre los costos y los beneficios. Esto significa, por ejemplo, encontrar la vía menos costosa para alcanzar un objetivo.

Factores cualitativos

Son difíciles de medir numéricamente. Como la calidad de las relaciones de trabajo, el riesgo del cambio tecnológico o el clima político internacional.

Para evaluar y comparar los factores se debe reconocer el problema y luego analizar que factor se le aplica ya se cuantitativo o cualitativo o ambos, clasificar los términos de importancia, comparar su probable influencia sobre el resultado y tomar una decisión.

Decisiones programadas y no programadas

Una decisión programada se aplica a problemas estructurados o de rutina. Los operadores de tomos tienen especificaciones y reglas que les señalan si la pieza que han hecho es aceptable, si tiene que desecharse o si se tiene que procesar de nuevo.

Las decisiones no programadas se usan para situaciones no programadas, nuevas y mal definidas, de naturaleza no repetitivas. Ej.: el lanzamiento de la computadora Macintosh por Apple Computer.

En realidad, las decisiones estratégicas son, en general, decisiones no programadas, puesto que requieren juicios subjetivos.

La mayoría de las decisiones no son ni completamente programadas ni completamente no programadas; son una combinación de ambas. La mayor parte de las decisiones no programadas las toman los gerentes del nivel más alto, esto es porque los gerentes de ese nivel tienen que hacer frente a los problemas no estructurados.

Seleccionar una alternativa: tres enfoques

Al elegir entre alternativas, se pueden utilizar tres enfoques básicos:

- Experiencia
- Experimentación
- Investigación y análisis

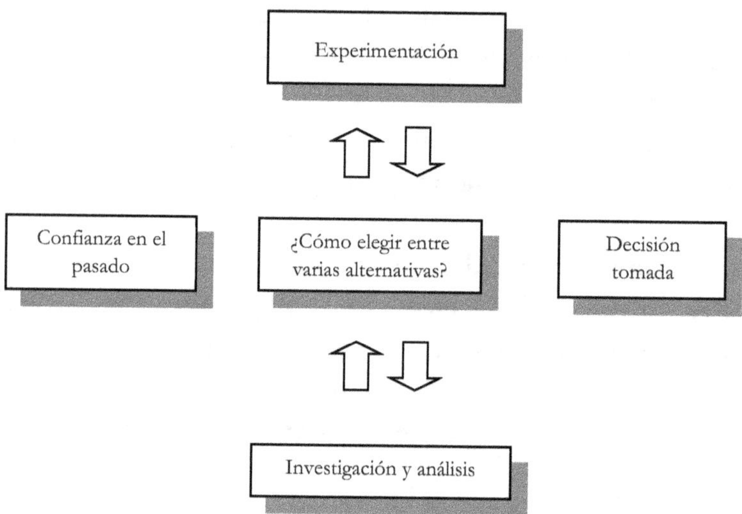

Experiencia: La confianza en la experiencia pasada desempeña en la toma de decisiones un papel más importante que el que se le concede, es importante tener en cuenta que la confianza excesiva también es un factor predominantemente negativo.

De otra parte, cada persona es un mundo; si una persona analiza la experiencia de manera cuidadosa, en lugar de seguirla ciegamente, y si encuentra a partir de la experiencia las razones fundamentales para el éxito o fracaso, entonces la experiencia puede ser útil como base para el análisis de decisiones. A demás puede quedar la duda ya que las condiciones futuras no son las mismas en las que se probó ya que el futuro no tiene la capacidad de duplicar el presente.

Experimentación: una manera evidente de decidir entre varias alternativas consiste en intentar una de ellas y observar lo que sucede. La experimentación es frecuentemente utilizada en la indagación científica. Comúnmente, las personas sostienen que debe utilizarse más seguido.

Investigación y análisis: una de las técnicas más eficaces para seleccionar alternativas cuando están implicadas decisiones importantes es la investigación y el análisis. Este enfoque significa la solución de un problema mediante su comprensión. Así supone una investigación de las relaciones entre las variables más críticas, las restricciones y las premisas que se refieren al objetivo buscado.

Las tres soluciones deben ser motivo de un nuevo análisis, en el cual se estudia:

- Fecha en la cual se puede poner ejecución
- Costo de ponerla en ejecución
- Beneficios al ponerla en ejecución
- Aceptación por parte del personal de la empresa, especialmente sindicato si lo hay.
- Esto nos da como resultado la mejor solución, la cual debe ponerse en práctica.

Poner en práctica la mejor alternativa

Pasa eso se deben seguir los siguientes pasos:

1-Hacerle entender a quiénes se verán afectados por la decisión, las bondades de esta y cuál es su papel para ponerla en marcha
2-Oír las críticas y prometer que se hará una revisión de estas
3-Establecer sistemas de control para el cumplimiento de la decisión

4-Estudiar como la decisión se está desarrollando y hacer ajustes que la mejoren esto se denomina retroalimentación.

-Solucionar un problema: requiere descomponerlo en sus partes y estudiar los diversos factores cuantitativos y cualitativos. El estudio y el análisis tienden a ser mucho más económicos que la experimentación.

En conjunto estos pasos constituyen el proceso para la toma de decisiones y la obtención de buenos resultados.

El tema se ha denominado Análisis de problemas y toma de decisiones, porque estas son realmente dos funciones separadas. La etapa de análisis del problema es aquella en la cual se reúnen y revisan los hechos de una situación problemática. Su propósito es hallar la causa o causas de la misma. La segunda etapa es la de toma real de decisiones, en ella es donde se proponen las soluciones alternativas y se hace una elección eventual. Esta etapa podría denominarse como la del resultado o de la acción.

Por tanto, el primer paso en la toma de decisiones es identificarlos problemas sobre los que es necesario decidir. Para Drucker, una de las habilidades principales de un dirigente es su capacidad para identificar los problemas principales, es decir, las situaciones más importantes que deben mejorarse en su organización.

Es la parte del proceso de decisiones en la que se buscan los hechos y se aíslan sus causas. Estas causas deben identificarse con mucha exactitud, pues de lo contrario sólo se estará haciendo un análisis superficial que no llevará a ninguna conclusión acertada ni permitirá hacer conclusiones sobre la tendencia que tomará el problema.

Monitorear la Implementación del Plan.
Algunos aspectos a considerar:

- Observar que se estén dando lo esperado a través de la implementación.
- Cotejar que se esté llevando a cabo el itinerario o agenda programada.
- Si el plan establecido no está dando los resultados esperados favor de revisar el plan.

Verificar si el plan ha sido efectivo o no.

- Una manera de ver su efectividad es verificar que las operaciones vuelvan a la normalidad.
- Auscultar si los cambios realizados evitarán el mismo problema en el futuro.
- Preguntarnos que hemos aprendido del proceso de toma de decisiones (conocimiento, entendimiento, destrezas).
- Realizar un memorando que describa los logros del esfuerzo durante el proceso de resolver el problema y compartirlo con todos/as.

Resumen del sistema

A- Pasos bajo control de investigador

1-Reconocer el problema potencial
2-Identificar prioridades
3-Aislar y describir exactamente el problema
4-Buscar las causas
5-Formular una solución demostrable
6-Verificar la causa

B- Paso para la toma de decisiones

1-Estudio de alternativas
2-Selección de la solución apropiada
3-Puesta en marcha de la solución

Errores en la Toma de Decisiones

Focalizarse en una sola fuente de información.

Sobreestimar el valor de la información recibida de otros.

Subestimar el valor de la información recibida de otros.

Escuchar y ver sólo lo que queremos.

No escucharnos

No ofrecer participación

Hacer de forma unilateral u obligada

Focalizarse en una sola fuente de información.

Sobreestimar el valor de la información recibida de otros.

Subestimar el valor de la información recibida de otros.

Escuchar y ver sólo lo que queremos.

No escucharnos

Factores Psicológicos que Obstruyen las Decisiones Inteligentes

Rubin (1986) señaló que los siguientes factores obstruyen las decisiones inteligentes. Estos son:

- No estar en contacto con nuestros sentimientos.
- Auto-Duda – poca información o información incorrecta
- Exagerar el punto de vista de uno.

- Ser dependiente.
- Pensamiento Mágico
- Evadir la toma de decisiones.
- Tomar decisiones apresuradas.
- Postergar la toma de decisiones.
- Tener instrucciones poco claras

Por qué algunas personas toman decisiones poco éticas

- Por no tener la información correcta
- Por anteponer sus intereses particulares
- Por presión indebida
- Por llevar la contraria o desear el fracaso de la tarea
- Por miedo
- Por tener motivaciones negativas

Características de las decisiones organizacionales

- Son planificadas con tiempo
- Proveen información adecuada
- Involucran a todo el personal concernido
- Elaboran un plan con fases, fechas y resultados a esperar.
- Se da crédito a todos los participantes
- Se basan en motivación positiva
- Plantea planes alternos.
- Provee tiempo razonable a los participantes para ejecutar la tarea.
- No oculta o disfraza los verdaderos propósitos de la toma de decisión.
- Considera todos los aspectos de la toma de decisión incluyendo los posibles obstáculos.

- Elabora los criterios para evaluar la decisión.

Ventajas de tomar decisiones en grupo

- Las decisiones de grupo proporcionan información más completa que las individuales.
- Un grupo aportará toda una variedad de experiencias y perspectivas al proceso de decisión que la persona que actúa sola no puede aportar
- Los grupos también generan más alternativas
- El proceso es congruente con los ideales de la democracia

Desventajas de tomar decisiones en grupo

- Consumen mucho tiempo
- Cuando los grupos no están equilibrados, quizá domine la minoría.
- Cuando existen presiones para someterse a un grupo

7

PREVENCIÓN DE INCENDIOS

Definición

Químicamente, el fuego se trata de una reacción de oxidación entre una sustancia inflamable (combustible) y otra oxidante, llamada comburente (el oxígeno), en presencia de una cierta energía de activación; este proceso exotérmico, (una vez producida la reacción), Libera calor.

EI fuego es una combustión caracterizada por la emisión de calor, acompañada de humo, llama, o de ambos a la vez.

En la actualidad, el número de accidentes debidos a incendios, crece alarmantemente. Las causas principales se deben a cuatro factores básicos:

- La Incorporación de nuevos procesos productivos, con el empleo de más equipos eléctricos, mayores presiones y temperaturas, y productos plásticos, sustancias químicas. La automatización de procesos, que reduce la presencia humana y por tanto la vigilancia.
- La menor inversión en sistemas de prevención y protección contra incendios, debido a Ia idea de que aI tener asegurada Ia instalación,
- Ia inversión en estos equipos no resulta rentable.

Este incremento en los incendios provoca pérdidas materiales (destrucción de instalaciones, bajadas de Ia producción, pérdida de clientes) y Ío más importante, daños humanos. Por estas razones, Ia seguridad en el trabajo intenta, como objetivo prioritario prevenir Ia aparición del incendio, y como segunda medida, una vez iniciado el siniestro, controlarlo y sofocarlo Ío más rápidamente posible, para reducir aI máximo sus consecuencias.

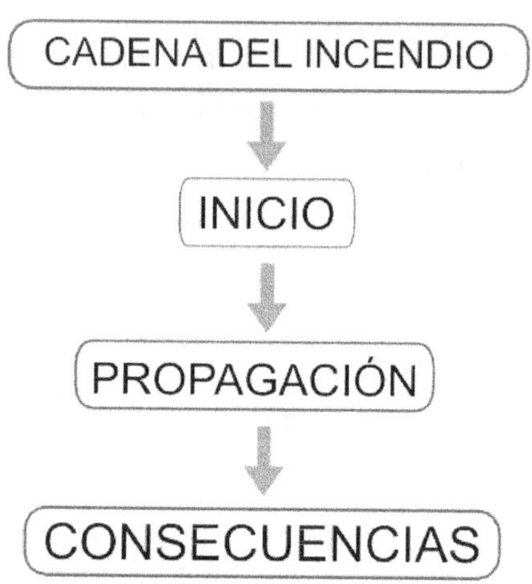

Evita el inicio del fuego   Limita la propagación y

las consecuencias del incendio

La Química del Fuego

Antes de que usted pueda protegerse de un incendio, controlarlo o combatirlo, debe saber que es el fuego y como se comporta.

Un buen hombre de seguridad se prepara para prestar un buen servicio aprendiendo todo lo posible acerca de su contrario, sus fuerzas, debilidades, planes, imaginándose como actuará, lo que le permitirá sacar conclusiones y planear una estrategia y sobre todo una táctica.

Sucede lo mismo con el fuego. Si usted sabe cómo se desarrolla un fuego y como lo afectan ciertas condiciones, podrá planear :

a) Cómo prevenir que se inicie
b) Si ya se inició, cómo proteger a las personas y a las propiedades y como controlarlo y extinguirlo

EL TRIANGULO DEL FUEGO

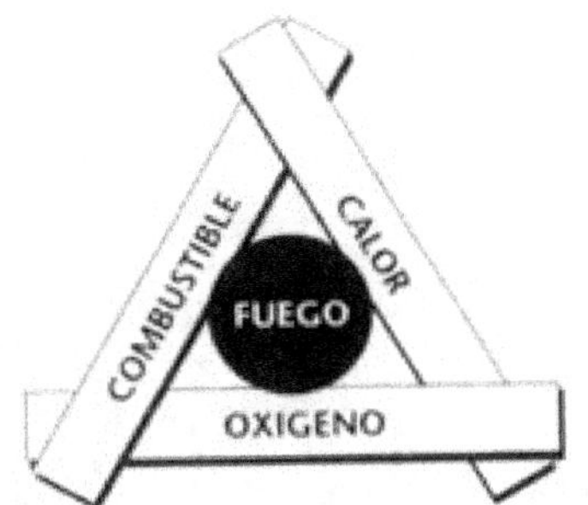

El fuego, (combustión), es un proceso de oxidación rápido que generalmente produce calor y luz. Por mucho tiempo se presentó como un triángulo, la teoría moderna de la combustión lo presenta como un tetraedro. Sin embargo la teoría del "triángulo de fuego", aun describe adecuadamente el proceso de ignición.

Igual que una figura para que sea triángulo, el fuego necesita de tres elementos para existir. Cada elemento es dependiente de los otros dos, para que haya fuego. Estos elementos son : Oxigeno, (o agente oxidante que mantiene la combustión), combustible (o un elemento o agente productor de fuego) y calor (o agente que aumenta cada vez más la temperatura del combustible y evite el enfriamiento).

Si falta alguno de los tres elementos, o no están en la proporción adecuada, el fuego no podrá existir. extinguirlos. Por lo tanto, mantener separados los tres elementos del triángulo de fuego, es la clave para prevenir incendios y la remoción de uno o más elementos es la clave para extinguirlo

EL TETRAHEDRO DEL FUEGO

Es necesario que exista un cuarto factor para que un incendio se sostenga y aumente su tamaño. Este factor es la reacción en cadena que se produce entre el combustible y el oxígeno, cuando el oxígeno, al ser atraído por el combustible, se divide en bastantes moléculas o partes que al ser quemadas por el combustible, aumentan las llamas.

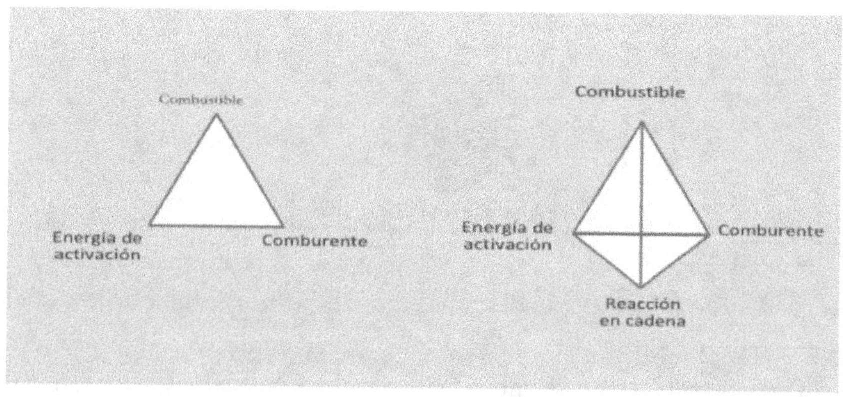

Fuentes de calor

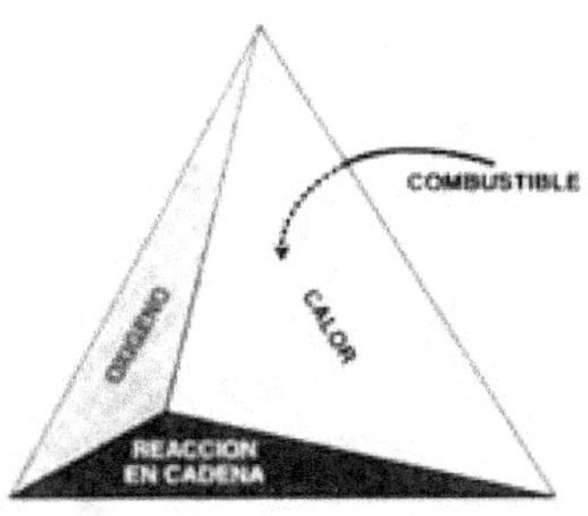

directo con el combustible.

Remoción del Oxígeno Es fundamental entender lo que causa el calor y cómo puede transferirse de un área o de una sustancia a otra.

1º Electricidad

Es la principal causa de los incendios industriales. Ella produce calor a través de :

a) Las resistencias
b) Formación de arco
c) Formación de chispa

Resistencia

Es la fuerza opuesta al flujo de corriente en los conductores eléctricos. Hay resistencias en :

1. Estufas eléctricas
2. Maquinas
3. Calentadores
4. Bombillo

Cuando por estas resistencias fluye más corriente de las que puedan conducir, se produce un recalentamiento en los cables de conducción, que derrite el material que los cubre produciendo un recalentamiento de los mismos y corto circuito, que puede provocar incendios. Si estos cables van por dentro de la pared, el hecho se detecta cuando se active un detector por el humo o el calor que originan los alambres derretidos.

Formación de Arco

Se produce cuando la electricidad salta entre dos polos contrarios, uno negativo y uno positivo. Puede ser constante, y por eso, generar suficiente calor para encender materiales combustibles y vapores inflamables.

Chispa

Ocurre cuando la electricidad salta al entrar en contacto dos polos iguales. Raramente enciende materiales combustibles ordinarios, pero en presencia de vapores inflamables puede suministrar energía suficiente para causar ignición.

2.- Llama Abierta

Llamas abiertas de equipos de soldadura, fósforos, cigarrillos y ciertos procesos industriales pueden elevar la temperatura de materiales potencialmente combustibles a su punto de ignición (grado de calor en el cual produce llama). Es la causa principal de los incendios residenciales.

3.- Fricción

Procesos industriales donde se frotan dos superficies pueden generar calor por el roce ; el golpe de dos superficies duras puede ocasionar chispa por impacto, la falta de lubricación adecuada hace que una máquina funcionando genere calor suficiente para causar el incendio de un combustible.

4.- Gas Comprimido

Cuando un gas como el gas carbónico se comprime para ser envasado, se genera calor, si su envasamiento no se hace con precaución, puede generar un incendio.

5.- Superficies Calientes

Tales como estufas, hornos, pueden causar transferencia de calor como para encender materiales combustibles cercanos.

Factores que influyen en la propagación de incendios

Por leyes físicas, las cosas siguen el camino de menor resistencia. Con los incendios pasa lo mismo. Los siguientes factores ayudan a su propagación:

- Puertas abiertas
- Pasadizos sin barreras
- Claraboyas
- Escaleras
- Paso de tuberías
- Fosos de ascensores
- Pasajes ocultos
- Mal almacenamiento de productos inflamables
- Paredes y divisiones en madera
- Ausencia de sistemas automáticos contraincendios

Subproductos de la combustión

Son sustancias que se generan en el entorno de un incendio y que ponen en peligro la vida de las personas desprotegidas. La mayoría de las sustancias tienen carbón. Durante el proceso de incendio estos materiales liberan:

a. Dióxido de carbono CO2 el cual es identificable por su olor y sabor. Este gas aumenta el ritmo respiratorio y hace que se inhalen cantidades mayores de otros gases. En altas concentraciones causa la muerte por pérdida del conocimiento y paro respiratorio, ya que desplaza el oxígeno existente en el ambiente.

b. Con más frecuencia monóxido de carbono CO difícil de identificar por ser incoloro, insaboro, e inodoro, que cuando se inhala desplaza el oxígeno de la sangre, evitando que este llegue a los órganos vitales, causando pérdida de la razón, la atrofia de los centros nerviosos importantes o la muerte.

Los incendios de lana, seda, nylon, poliuretano y papel, producen el gas Cianuro de Hidrógeno, el cual causa asfixia rápidamente.

Los incendios con telas y productos plásticos producen Dióxido de nitrógeno el cual irrita los pulmones, causando la muerte de forma inmediata.

Los incendios con lana, ceda, nylon y melanina, producen amoníaco, irritante de los ojos, la garganta y la nariz.

Los incendios con PVC, producen Cloruro de Hidrógeno, el cual irrita fuertemente las vías respiratorias.

Actos inseguros y condiciones peligrosas

Los accidentes industriales e incendios son el resultado de actos inseguros y condiciones peligrosas.

Actos Inseguros

Son acciones individuales culposas o de descuido que pueden causar un accidente o un incendio. Por ejemplo trasvasar líquidos inflamables sin tener recipientes con control de corriente estática.

Condiciones Peligrosas

Es una situación física en el ambiente de trabajo que puede causar un incendio o un accidente. Por ejemplo una puerta de evacuación cerrada con seguro o una válvulas de control de rociadores cerrada.

Extintores portátiles

Son la primera línea de defensa contra los efectos y riesgos de un incendio, pero sólo combaten el incendio en su etapa inicial.

La ciencia de apagar incendios se basa en la remoción (quitar) de uno o más de los elementos que componen el tetraedro del fuego, lo que causará la extinción del incendio. Se trata entonces de quitar bien sea :

La reacción en cadena

El calor o

El oxígeno o

El combustible o

Remoción del calor

El agua remueve el calor por contacto

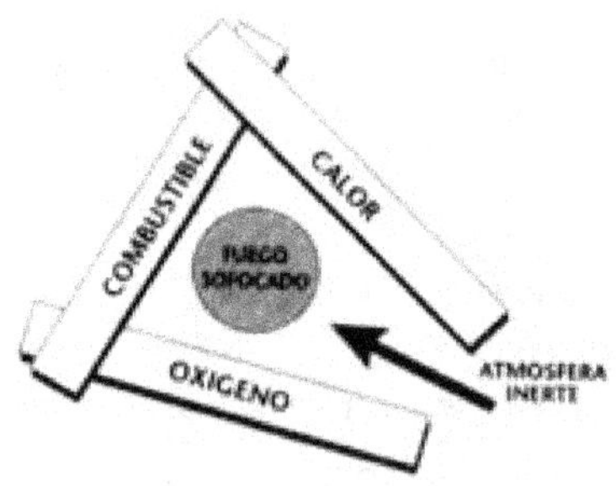

Se obtiene usando un gas incombustible y que sea capaz de desplazar el oxígeno de área del incendio. El más comúnmente usado es el gas bióxido de carbono CO_2

En la combustión, la eliminación del oxígeno provoca sofocación. Puede describirse como el proceso que impide a los vapores combustibles, ponerse en contacto con el oxígeno del aire. Es lo que hacemos cuando arrojamos arena sobre un fuego, o cuando lo cubrimos con una manta.

Remoción del Combustible

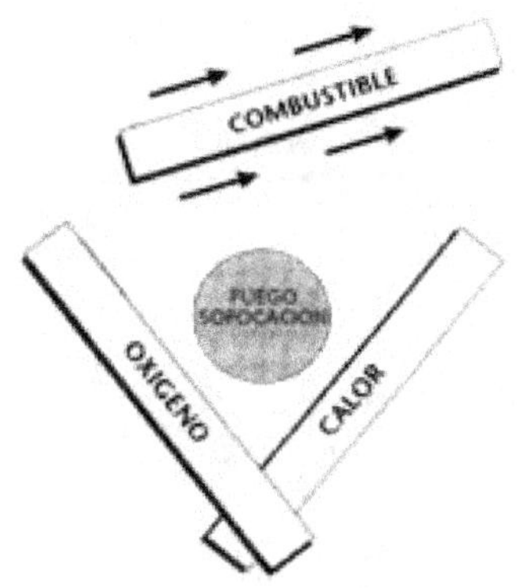

Teóricamente, el método más directo para extinguir un incendio, consiste en eliminar el combustible que arde. Pero a nadie se le oculta que, en la realidad, esto resulta prácticamente imposible.

Lo cierto es que una forma de reducir el riesgo de incendio, es no almacenar materiales combustibles cerca de lugares peligrosos, o sitios en donde está presente alguna fuente de calor.

Se logra:

- Aislando el combustible, generalmente mediante barreras de agua o zanjas o cubriéndolo con arena
- Suprimiendo el suministro del mismo, mediante cierre de válvulas
- Transfiriéndolo a otro depósito mediante la válvula de seguridad y alivio
- Utilizando espumas que lo cubran

La eliminación del calor

Para poder arder, los combustibles necesitan desprender vapores inflamables mediante el calor, o sea, alcanzar su temperatura de inflamación. Por lo tanto, una vez que esto ha sucedido, si conseguimos rebajar esta temperatura, el fuego desaparecerá. Esto es lo que procedemos a hacer cuando arrojamos agua a un incendio.

Inhibición de la Reacción Química en Cadena

Para reducir la reacción en cadena, se utilizan hidrocarburos halogenados, sales alcalinas y sales de amoníaco.

- Los hidrocarburos se aplican en forma de gas, especialmente el gas Halón 1211
- Las sales alcalinas en forma de polvo químico seco.

Estos productos, sirven para extinguir cualquier clase de incendio, menos el clase D

Clasificación de incendios

Fuegos clase A

Sólidos

Ocurren con materiales combustibles comunes como maderas, papel y caucho y algunos plásticos.

Fuegos Clase B

Combustibles líquidos

Ocurren en líquidos y gases inflamables, grasas, alquitranes, pinturas a base de aceite, gasolina, kerosene, etc. Generalmente ocurren cuando hay recipientes abiertos o escapes de sustancias inflamables.

Fuegos clase C

Fuegos bajo
tensión eléctrica

Se presentan en redes de energía eléctrica o equipos eléctricos. Deben combatirse con agentes extintores que no conduzcan electricidad. Una vez que los aparatos han sido desconectados, entonces se puede combatir el fuego con extintores clase A o clase B.

Fuegos Clase D

Metales
combustibles

Ocurren en metales combustibles como el sodio. Estos fuegos deben ser extinguidos con un agente inerte como el polvo químico seco, para aislar el oxígeno y el calor.

Tipos de extintores

Tabla para el empleo correcto del agente extintor

AGENTES EXTINTORES / TIPO SUSTANCIA QUEMADA		CLASES DE FUEGO					
		A	B		C	D	Sigla del extintor
		Sólidos combustibles	Inflamables		Equipos eléctricos bajo tensión	Metales combustibles	
			Líquidos	Gases			
FISICOS	Agua	SI	NO	--	NO	NO	A
FISICOS	Espuma	SI	SI	NO	NO	NO	AB
FISICOS	CO₂	--	SI	NO	SI	NO	BC
QUIMICOS	Polvo químico — BC	--	SI	SI	SI	--	BC
QUIMICOS	Polvo químico — ABC	SI	SI	SI	SI	--	ABC
QUIMICOS	Halons y sustitutos	SI	SI	SI	SI	NO	ABC
QUIMICOS	Polvos especiales	NO	NO	NO	NO	SI	D

CO2= Anhídrido carbónico=Dióxido de carbono.

SI= El agente extintor es el apropiado.

NO= No se debe emplear por no servir o porque puede ser peligroso.

--- = El agente extintor no es el apropiado, pero se puede usar si no hay otro.

Extintores para fuego clase A

De agua presurizada (a presión)

- ➢ De espuma
- ➢ De polvo químico seco multipropósito
- ➢ De Halón 1211

Nota. - El agua conduce electricidad, luego no puede usarse en fuegos clase C; el agua esparce el fuego de líquidos inflamables, luego no puede usarse en fuegos clase B.

Los extinguidores de espuma también conducen electricidad y se congelan a menos de 4.5 grados centígrados.

Los extinguidores de polvo químico seco MULTIPROPOSITO, combaten los fuegos de tipo A - B y C.

Si se usan en áreas pequeñas producen una gran nube, que reduce la visibilidad y puede originar pánico.

Los extinguidores de Halón 1211 son de color azul celeste combaten también los fuegos A -B y C.

El Halón 1211 es tóxico al respirarlo. A más de 480 grados centígrados de temperatura, es altamente tóxico.

Extintores para fuego clase B

Los fuegos clase B, se combaten con extintores :

✓ De bióxido de carbono
✓ De polvo químico seco multipropósito
✓ De espuma
✓ De Halón 1211

Hablaremos del extintor de Bióxido de Carbono (CO2) por estar los demás ya vistos.

El CO2 como vimos desplaza al oxígeno, extinguiendo el fuego. En presencia de fuertes corrientes de aire o alta grado de ventilación, se reduce su efectividad.

Como el CO2, desplaza al oxígeno, su uso en un área pequeña, puede causar muertes por sofocación.

La boquilla del extintor, a medida que libera el gas, se enfría, pudiendo ocasionar la congelación de la mano de quien lo opera, si no usa guantes resistentes.

Extintores para fuego clase c

Los fuegos clase C se extinguen con:

- ✓ Dióxido de carbono
- ✓ Químico seco ordinario o multipropósito
- ✓ Halón 1211

Extintores para fuego clase D

Los fuegos clase D se extinguen con polvo químico seco, especial para cada uno de los metales combustibles.

Uso de las mangueras de gabinete

Sólo se utilizan en fuegos clase A y son manguera de diámetro de 1,5 pulgada.

Riesgos en las Operaciones con las mangueras

- Como el agua es conductora de electricidad, un chorro directo de agua lanzado sobre un aparato eléctrico, devuelve la corriente al operario de la manguera.
- Si se dispara el chorro sobre líquidos inflamables, el líquido se divide en varios fragmentos incendiarios.

- La presión de agua en la manguera es alta, si se pierde el control de la manguera a causa de la presión, esta podría herir o causar la muerte a una persona.

Ante esto:

- La manguera debe ser utilizada por lo menos por dos personas
- El operador de la boquilla estira la manguera en toda su longitud, sin torcerla y la recuesta contra su cintura
- La segunda persona abre la válvula para salida del agua y rápidamente avanza hacia el de la boquilla para ayudarlo, sosteniendo la manguera a un metro de distancia de él, recostándola contra su cintura y su cadera
- Una tercera persona debe cerrar la válvula, cuando se decida no utilizar más la manguera.
- Si el fuego pasa de su etapa inicial a incendio estructural. Los de la manguera deben evacuar.

Medidas de protección de incendios.

Una vez iniciado el fuego, se pretende que no se propague, por medio de protección pasiva y activa.

Protección pasiva

Con la protección pasiva se pretende conseguir, mediante el diseño y comportamiento de los elementos constructivos ante el fuego, la **ventilación de** edificio y la geometría del mismo, evitar Ia propagación del incendio y garantizar Ia vida de **Las** personas.

Un edificio generalmente está constituido por:

- La estructura (pilares, vigas, forjados, muros) es **el esqueleto** del edificio, tiene como misión Ia de sustentación y apoyo de **las** demás partes del mismo.
- La característica **principal** que se le exige es que sea capaz de soportar **el** peso del resto del edificio, así como **las solicitaciones** procedentes **del** exterior.

- Cerramientos y compartimentación: (paredes, compuertas, ventanas, puertas, techos, **falsos** techos, tapas y cubiertas...) Su misión **principal** es Ia de separar unas zonas con respecto a otras o **del** edificio con **relación al** exterior.

- Los materiales de acabado y revestimiento: (cerámica, parqué, moquetas, barnices, pinturas), así como los de aislamiento térmico y acústico (fibra de vidrio, lana de roca...) Tienen una función decorativa y de confort.

Grado de reacción al fuego de los materiales

Un **material** de acabado o de decoración puede contribuir **al** desarrollo **del** incendio, ante su **inflamación** y propagación a otros **Lugares alejados** donde se encuentren **combustibles**.

Cuando un **material** arde o se **calienta**, se consume, es decir, se produce una pérdida de masa **del material**, y por otro lado, genera **calor** favoreciendo **el** desarrollo **del** incendio o provocando su propagación **al calentar** otros **materiales combustibles**.

En los **materiales** de acabado se **valoran el** tiempo hasta **el** inicio de la ignición, **el** tiempo de persistencia y **altura** de Ia **Ilama** y su **velocidad** de propagación.

Los **materiales** se han **clasificado**, de acuerdo con Ia norma UNE 23 727 - 80 en **las** siguientes categorías según su Grado de Reacción **al** fuego:

M0: **Incombustible.**

M1: **Combustible** pero no **inflamable.** Su combustión no se mantiene cuando cesa Ia aportación de **calor** desde un foco exterior. **Ej.:** PVC rígido

M2: **Inflamabilidad** moderada. **Ej.: Poliéster, siliconas** M3: **Inflamabilidad** media. **Ej.: Polietileno, poliamidas** M4: **Inflamabilidad** alta. Ej.: **Poliestireno**

a. Protección activa

Una vez se ha producido **el** fuego, debemos actuar **Ío** más rápidamente **posible** para **apagarlo.** Esto se consigue **estableciendo** eficaces sistemas de detección y **alarma**, y un adecuado plan de extinción. La forma más adecuada de **establecer** un sistema eficaz de detección y **alarma** y extinción, consiste en conocer bien tanto Ia actividad productiva, como **el** edificio donde se **realiza**, para identificar los **posibles** orígenes **del** incendio y los **lugares** más **vulnerables**, y escoger los dispositivos más adecuados que permitan avisar de su presencia, para actuar en consecuencia.

Sistemas de detección y alarma

La **Legislación española**, mediante dos **reglamentaciones** (Ia Norma Básica de Edificación CPI - 96, y   **el Reglamento** de **Instalaciones** de Protección contra Incendios), **obliga** a que los Sistemas de Detección y Alarma **cumplan** con una serie de especificaciones recogidas en Ia Norma UNE 23007, y así mismo, de acuerdo con **el** uso **del** local donde van a estar **instalados**, especifica **el** tipo de dispositivos y **elementos** que deben estar constituidos.

Sistema de detección y alarma

Es un conjunto de **elementos interrelacionados** y ordenados que tienen por objeto percibir un fenómeno propio de un incendio y transmitir **el** aviso de su existencia **al Lugar** afectado o a otro **lugar establecido** para este fin. Los distintos **elementos** que forman un sistema son los siguientes:

1. Detectores Automáticos.
2. **Pulsadores Manuales**.
3. Equipo de **Control** y **Señalización**
1. **Central** de Recepción.
2. **Elementos** de accionamiento de los Sistema de **Control** y Protección contra Incendios.

CENTRAL DE
RECEPCIÓN
DE ALARMAS

FUENTE
DE

ALIMENTACIÓN

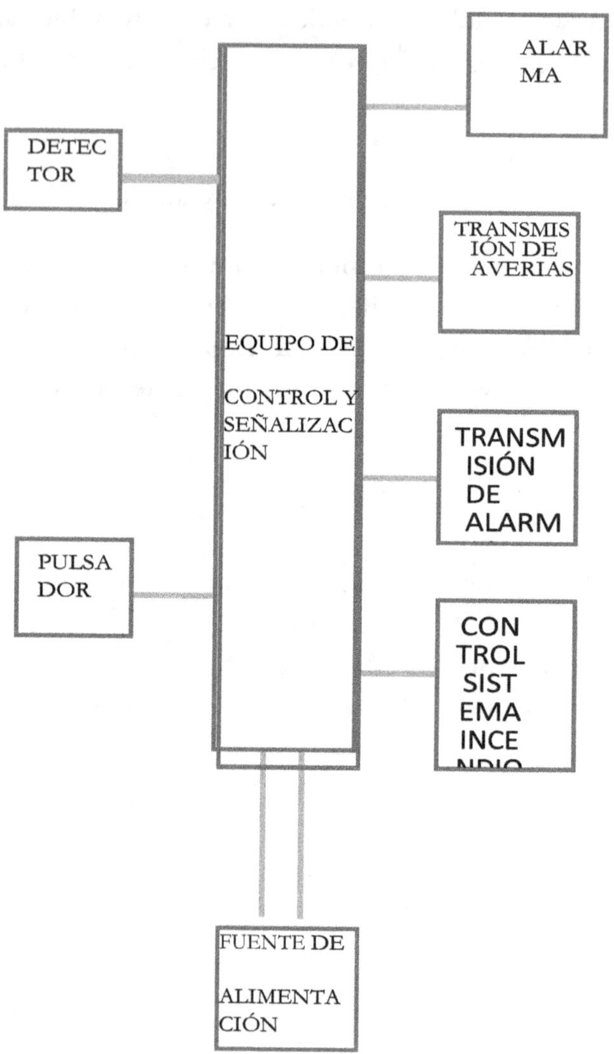

1. Detector: Es un dispositivo que contiene un sensor que **controla** de forma continua o a **intervalos** un fenómeno físico o químico correspondiente a un incendio y que emite una **señal**. Se **utiliza** para poder percibir un fuego en un **lugar**

poco frecuentado por personas o en **el** interior de un equipo de trabajo.

Cada detector automático tiene un sensor específico para activarse con una fase determinada de   Ia combustión. Así, cada tipo de detector es **sensible** a una etapa de un **posible** fuego, captando   un determinado fenómeno que ocurre **habitualmente** en Ia **evolución previsible del** mismo. Por ello podemos **calificar** los detectores en:

- D. Calor: **Sensibles al** aumento de temperatura.
- D. Humo: **Sensibles** a **las partículas** productos de Ia combustión o los **radicales** o iones originados en Ia **pirolisis.**
- D. Gases: Captan Ia atmósfera **explosiva** que contiene gases **inflamables.**
- D. Llama: **Sensibles** a Ia Radiación infrarroja o **ultravioleta.**

Que hacer Antes, durante y después

Antes

- Identifique las salidas principales y de emergencia verificando que las salidas pasillos, hidrantes, extinguidores, interruptores de corriente eléctrica, cisternas de agua, llaves de agua, tanque de gas estacionario, y llaves de gas estén libres de obstáculos siempre.

- Junto con protección civil y la brigada de la empresa elaboren un plan de contingencias para saber cómo actuar ante un incendio así como identificar las zonas de seguridad puntos de reunión salidas de emergencia y las rutas de evacuación y ejecute simulacros.

- Revise periódicamente las instalaciones de gas, electricidad, agua, extinguidores, hidrantes etc. que estén en buenas condiciones de uso siempre.

- Procura concentrar en un lugar accesible el botiquín de primeros auxilios surtido con lo básico procura tener a la mano una lámpara de baterías.

- Elabore un directorio telefónico de los servicios de emergencia y directivos de la empresa que siempre tenga a la mano.

Durante

- Mantenga la calma actué de acuerdo al plan de contingencia. Dar la voz de alarma.

- Evacue el edificio con precaución y orden no corra no grite diríjase a las zonas de seguridad establecidas como puntos de reunión.

- Si detecta fuego no abra puertas ni ventanas (el fuego se alimenta e incrementa con el **oxígeno**)

- No accione los interruptores de luz ni encienda llamas de ninguna especie (puede haber fugas de gas) cierre las llaves de gas y de cualquier otro **líquido** inflamable y peligroso.

- No grite no corra no empuje puede provocar pánico general.

- Si el incendio no es grande tranquilícese busque el lugar más seguro para protegerse.

- No utilice los elevadores escaleras eléctricas aléjese de los objetos que se puedan caer o romper (estanterías no fijadas bardas o paredes exteriores ventanas cables de luz y de alta **tensión** tanques de gas estacionarios y cualquier sustancia inflamable).

- Si el fuego es de origen eléctrico no intente apagarlo con agua.

- -tratar de extinguirlo por **sí** mismo empleando el equipo contra incendio adecuado a, b, c

- Pida el apoyo de la brigada contra incendio en caso contrario solicite ayuda a la estación de bomberos indicando el domicilio exacto nombre de la empresa y el tiempo que lleva tratando de controlar el incendio tipo de fuego a, b, c.
- Cuando llegue el servicio de emergencia ayudarlos en todo lo posible (sin entorpecer su labor ni descuidar la suya que es la seguridad).
- No pierda tiempo solicite autorización del representante de la empresa para evacuar al personal de las instalaciones tomando todas las precauciones posibles poniendo atención especial de mujeres embarazadas personas en estado de shock niños y personas de la tercera edad.
- Informar al representante de la empresa y al supervisor en turno de lo que sucede el lugar exacto del incendio y las medidas de precaución que se han tomado.
- Proteger hasta donde sea posible las propiedades de la empresa apoyándose en sus compañeros y personal de la empresa.
- No interfiera con las actividades de bomberos y rescatistas y retírese del área.
- Tome los datos de los responsables (bomberos cruz roja seguridad pública etc.).

Después

- Evacue el edificio con precaución y orden no corra no grite diríjase a las zonas de seguridad establecidas como puntos de reunión.
- En coordinación con las brigadas de emergencia se nombraran las comisiones necesarias para revisar las instalaciones en busca de personas lesionadas o atrapadas para apagar conatos de incendio o incendio según sea el caso cerrar llaves de gas de líquidos peligrosos poner avisos de peligro etc. todo lo previsto en el plan de contingencias.

- Pedir el servicio de emergencia según sea el caso y cuando llegue ayudarlos en todo lo posible (sin entorpecer su labor ni descuidar la suya que es la seguridad)-tomara los datos de los lesionados o muertos según sea el caso.

- Dará las órdenes precisas al personal de seguridad para mantener en todo momento la seguridad del inmueble y evitar así robos a la empresa.

- Recabar todos los datos posibles para realizar lo más pronto posible su reporte de novedades y condiciones inseguras dirigido al representante de la empresa y al supervisor de seguridad en turno reportando solo lo que a usted le conste.

8

COMAND CENTER

Definición

Organizar, Dirigir y prestar apoyo inmediato, cundo la situación lo requiera a personas, Edificios, Instalaciones de una compañía, coordinando con las autoridades y los miembros del grupo de reacción inmediata, en el desarrollo de situaciones que se presenten las 24 horas, analizando y tomando las decisiones más apropiada frente a una eventualidad determinada.

Reseña Histórica.

La tradición que recoge la seguridad institucional es la del Centro de Control de vuelo de la NASA, en donde un grupo en control de monitores, análisis de información, formulación de mide lo de simulación y de operación y seguimiento de protocolos, prestan el soporte informacional a la astronave que se encuentra en vuelo recibiendo los datos y emitiéndolos nuevamente.

En nuestro país se tiene en las Fuerzas Armadas unos centros de Operaciones que reciben información y la transmiten tanto a las tropas como a los mandos.

Un Command Center, es un lugar que concentra varias actividades, de manera que la compañía tenga el control de todo lo que sucede en sus instalaciones, proveyendo la más alta seguridad y coordinando las labores diarias que requieran del acompañamiento, seguimiento, control y coordinación del equipo de seguridad.

Los Centros de control (Comand Center), este lugar es un sitio donde la concentración es primordial, por lo tanto, debe estar aislado, libre de interrupciones, totalmente blindado al ingreso de personal no autorizado; generalmente estos sitios solo deben permitir el ingreso de los operadores y sus respectivos jefes inmediatos, y esto es el primer protocolo de seguridad a seguir y acatar disciplinadamente. Bajo ningún motivo se debe permitir que el personal ajeno al centro de control (y esto incluye al mismo personal de seguridad, si no son parte del centro de control, no tienen nada que hacer allí) ingrese. Se debe establecer un procedimiento claro para el ingreso de personal de mantenimiento, aseo y cafetería, en lo posible vigilado consta mente, y se deben crear pautas para cubrir documentos, apagar pantallas, retirar y poner en resguardo elementos de almacenamiento de datos y sobre todo evitar la salida e ingreso de cualquier dispositivo de grabación, ya sean memorias, laptops, cámaras, micrófonos, celulares, videocámaras, cámaras espía, etc. Si es necesario establezca un arco magnético que borre los datos de los dispositivos de almacenamiento magnéticos, eso sí, especifique y alerte en un lugar visible el riesgo de pérdida de datos, solo por salvar responsabilidades.

¿Qué hace un Centro de Control? Su principal función es controlar, coordinar y comandar. Es necesario que la compañía establezca de manera clara y contundente la autoridad del centro de control, así todos sabrán que nada se mueve, se autoriza o se permite si el centro de control no tiene conocimiento y hasta que este apruebe o de una autorización. Las actividades son tan variadas como las actividades de las compañías u organizaciones.

El centro de control también debe ser un centro de comunicaciones, todas las ayudas posibles de comunicación deben estar allí y se deben canalizar todas las llamadas de la compañía que requieran la intervención o hagan uso de algún procedimiento de seguridad. como mínimo debe tener uno o dos soportes de comunicación adicional al teléfono, como radios, radios trunking, celulares, mensajería por Internet, mail, chat, mensajeros, etc. El apoyo de sistemas es vital sobre todo para el manejo del correo electrónico, las bases de datos, archivos de soporte para inventarios, control de materiales, directorios, procedimientos, etc. También es muy común encontrar en estos sitios sistemas de monitoreo vehicular o de rastreo, control de alarmas, sistemas de control de acceso y sistemas de validación y control de materiales o mercancías. Todo esto si es posible, debe tener su propio operador, es decir, no es buena idea dejar varias o todas las funciones en un solo operador, pues aumenta el riesgo de cometer errores y de paso se estaría perjudicando la salud mental de una persona al manejar altísimos niveles de estrés. Como vemos un centro de control conlleva muchas actividades, y dependiendo del volumen de estas, el responsable del departamento de seguridad, deberá definir cuantos operadores serán necesarios y seleccionara los más idóneos; que deben ser personas capaces de manejar muy bien el trabajo bajo presión y sobre todo tomar decisiones en tiempos minúsculos que mantengan a la compañía segura y eficiente en la prestación de sus servicios o su cometido social.

También es muy común en los centros de control, mezclar el control de otras áreas de seguridad como la seguridad a personas (escoltas), patrullas de vigilancia, monitoreo de cámaras (CCTV), administración de personal de seguridad (agentes de seguridad), etc. Todo esto robustece el centro de control, no hay que mirarlo como una acumulación de labores, si no por el contrario es la mejor concentración de "controles" que puede hacer una compañía, y la mejor manera de hacerlo es dotar un espacio adecuado, con el personal mejor capacitado, y contratar la mejor compañía de seguridad para su administración.

En cuanto a la parte de personal deberá decidir si deja una o varias funciones en un solo operador o por el contrario distribuirá las responsabilidades en varios operadores. Dependiendo del volumen de actividades, deberá crear procedimientos claros y establecer la regla para cada cargo, es bueno que cada persona, a parte de su entrenamiento, reciba y entienda cuáles son sus responsabilidades y cuál es el rol dentro del organigrama, cuál es su jefe inmediato y cuál es el conducto regular, así como también como debe reportar las novedades, que formatos o recursos tiene a disposición, y como va a realizar su trabajo.

La información que se maneja en el centro de control por lo general es sensible y clasificada, es decir, que solo unas pocas personas tienen acceso a ella, por eso es tan importante mantener este sitio aislado y administrado por personal confiable, por eso debe ser el personal más consentido, con las mejores condiciones salariales y sobre todo con la mejor salud mental, no ahorre esfuerzos ni gastos en procurarles un espacio agradable, con descansos cada cierto tiempo dentro del turno y descansos adecuados cada semana, y siempre demuéstreles cuan importantes son para la organización.

Por último, no sobra decir, que los centros de control modernos siempre deben redundar en tecnologías, por eso el personal debe ser altamente calificado en el manejo de sistemas, no hay nada más difícil que tener que capacitar un operador en las diferentes fases de seguridad y encima perder tiempo en la capacitación de sistemas, por eso es mejor tener en cuenta este aspecto durante la contratación para no retrasar el trabajo de los demás ni correr el riesgo de perder información debido a que un operador no tiene la suficiente destreza para manejar las herramientas informáticas.

El Centro de control debe conocer todo sobre la organización, sobre el personal, sobre todo de los ejecutivos; los vehículos, las sedes, la ciudad o la zona donde se encuentre, la situación de orden público y el accionar de la delincuencia, debe tener excelente relaciones con la fuerza pública y los organismos de socorro, debe hacer un monitoreo disciplinado de noticias tanto nacionales como internacionales, entender la situación del entorno es indispensable para saber cómo se puede enfrentar las novedad y prepararse para cualquier amenaza, por eso es tan importante que todos los miembros del equipo reporten cada novedad y se haga en una organizada y registrada que permite llevar un archivo estadístico, y este sea procesado por el analista de información.

Un centro de control es también un centro de soluciones, se debe estar en capacidad de responder a cualquier llamado de cualquier miembro de la compañía y se le debe dar el respectivo apoyo, no solo si es una situación de seguridad, sino también para cualquier motivo, ya sea que necesite ayuda porque se siente amenazado o simplemente porque requiere ayuda para llegar a algún lado.

Esquema De Seguridad

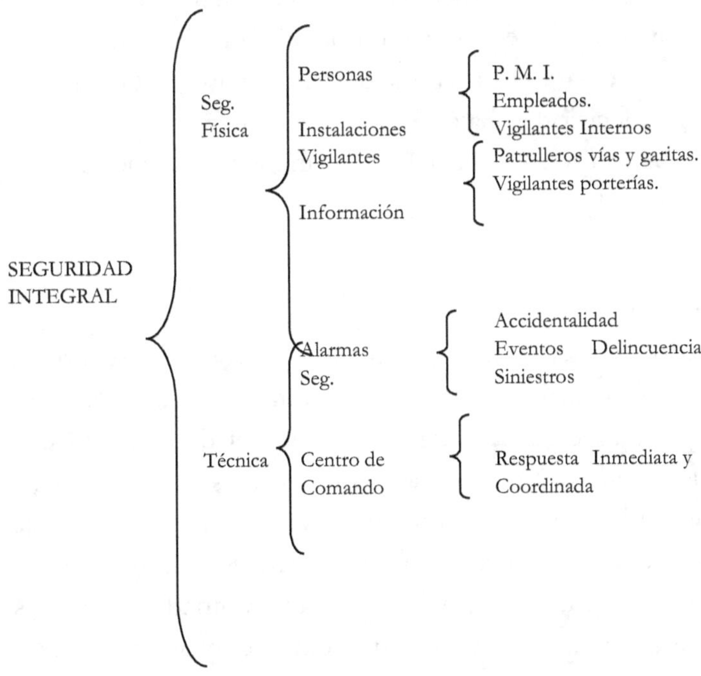

a. Características

1. Permanece en un estado de alerta las 24 horas del día, los 365 días del año.
2. Verdaderamente hay rapidez en la respuesta de acuerdo al evento.
3. Permite flexibilidad de los argumentos técnicos frente a estructuras de tipo jerárquico.

b. objetivos

1. Mantener un estado de alerta permanente que incluye una central de radio, vigilancia y seguimiento de las alarmas.
2. Actualizar los planes de contingencia, plan de emergencia, los dispositivos de seguridad y planes de operación o de fin de semana (puentes y temporadas).
3. Recibir, evaluar y analizar la información recibida por todos los medios para dar una respuesta oportuna.
4. Coordinar los diversos elementos humanos y técnicos que se requiere para afrontar eficientemente una emergencia.
5. Tomar decisiones bajo presión para atender los efectos nocivos de una situación de amenaza o ataque para minimizar los daños.

c. ventajas

1. Estado de alerta permanente, los cuerpos de seguridad bajan la guardia durante determinados días del año, temporadas e incluso algunas horas del día (madrugada, semana santa, Navidad, año nuevo, días rutinarios baja temporada). Estos descuidos aprovechados por la delincuencia y se presentan situaciones de riesgo o actos inseguros que son fácilmente aprovechados por los ladrones. Una central constantemente monitoreando e inspeccionando evita estos errores.

2. Estimula al personal de seguridad, al producir respuestas inmediatas, el factor humano incrementa sus niveles de alerta y su actitud investigativa.

3. Centralización de la información, al existir un centro comando, los empleados de la corporación pueden dar información de cualquier tipo que puede ser aprovechada para enfrentar una contingencia, los centros no requieren de un conducto regular para recibir datos.

4. Respuesta inmediata y creativa por la posibilidad del centro de evaluar la información y procede de manera inmediata con acción correcta dentro de las circunstancias específicas.

5. Fomenta la cooperación y el trabajo en equipo del personal en general del centro comando y colabora con otras unidades.

6. Serenidad en la toma de decisiones, no siempre las decisiones tomadas bajo presión son las más afortunadas, como el personal de ese centro a ensayado y a participado en la corrección de planes tiene un amplio rango de posibilidades para tomar las más correcta.

e. Efectos del comand center en la organización de la seguridad.

1. A nivel directivas

Al descargar en un grupo de especialista la función de alerta y respuesta, se genera un sentimiento de seguridad, al saber que hay personas expertas con planes, encargadas de responder ante las contingencias, entonces las directivas pueden dedicar sus energías a gerencia sus proyectos.

2. A nivel empleados

Sienten que hay un sitio de la empresa al cual recurrir en caso de emergencia o necesidad de un servicio, lo cual redunda en mejoramiento de la imagen del grupo de seguridad y es un respaldo más adecuado de su empresa.

3. A nivel autoridades

Al tener un interlocutor seguro y experto, se fortalecen las relaciones de colaboración y apoyo con los organismos de seguridad del estado.

Se pueden orientar, y guiar de acuerdos a las necesidades de emergencia del club (incendio, robo, hurto, secuestro).

4. A nivel grupo de seguridad
Jefe de seguridad

Siente que puede estar al control de la situación sin desgastarse, pues tiene una fuente permanente de información, el estrés del cargo se reduce a niveles aceptables para el cuerpo humano, dedica su tiempo a diseñar modelos y producir estrategias que redunden en la seguridad, así como realizar otras tareas como la comunicación e imagen, visitas a los usuarios, relaciones con las autoridades y comunidad que incumben directamente a la seguridad y que frecuentemente son olvidadas.

Grupo de seguridad

Al haber un centro de recepción y procesamiento de la información, el personal se siente estimulado para producir informes que sean acogidos y que produzcan un efecto inmediato, esto estimula la actitud investigativa, incrementar la eficiencia y la alerta, por cuanto sabe que esta continuamente monitoreado y evaluado su rendimiento en términos de seguridad.

Así mismo sabe que cuenta con un respaldo efectivo durante un ataque o un evento y se dan las orientaciones necesarias en caso de que tenga que actuar y no conozca el procedimiento exacto.

Hay información tanto interna como de los exteriores, al recibir un reporte completo de la situación, el hombre de seguridad se siente involucrado, responsable y activo de la seguridad y miembro de un verdadero equipo. Se puede emitir consignar y órdenes para conocimiento de todo el equipo de seguridad.

d. Modos de operación

  a. Normal.
  Cuando se realiza las funciones habituales de vigilancia, monitoreo y comunicaciones.

  b. De emergencia.

  Cuando se presenta una situación de carácter extraordinario, evalúa incrementa la alerta, envía y dirige el grupo de reacción comunica y busca los apoyos requeridos.

9

CONTROL DE EMERGENCIAS

Definición

Proceso que se pone en marcha para hacer frente a cualquier emergencia que pueda producirse. Puede ser desde una catástrofe natural, como un huracán o un tornado, hasta una catástrofe de origen humano, como un atentado terrorista. Los equipos de emergencia se implican a lo largo de todo el ciclo de vida de la emergencia, desde la prevención, la respuesta y la evaluación posterior a la emergencia.

La prevención y atención de emergencias ha permitido entender la razón de algunos peligros naturales, estimar los riesgos resultantes y tomar las medidas necesarias y adecuadas de precaución con anterioridad al desastre.

El estar preparados para afrontar situaciones de emergencia, que en un momento determinado, puede llegar a afectar la integridad física de las personas, bien sea en forma individual o colectiva, es uno de los principales objetivos del Plan para Emergencias. La modernización de las Compañías, la implementación, el cambio de tecnologías y procesos y la falta de capacitación y entrenamiento del personal, en algunas oportunidades, conllevan a incrementar en alto índice, la posibilidad de que ocurran accidentes laborales, enfermedades profesionales o emergencias que puedan alterar la normalidad de un sistema.

Los problemas sociales y el orden público entre otros factores, que afectan al país en estos tiempos, exponen a las personas y a las instalaciones a ser víctimas de los riesgos de incendio, explosión y los fenómenos causados por la naturaleza como son los temblores, sismos, inundaciones; complementan el panorama de riesgos para los cuales se debe estar preparados para afrontarlos.

Por lo anterior es necesario elaborar y desarrollar planes de emergencia, para que en caso de presentarse alguna situación se cuente con los elementos teórico-prácticos necesario para atenderla, con la premisa de dar respuesta a una emergencia inmediata una respuesta inmediata.

Es importante anotar que el Plan para emergencias, deberá ser dado a conocer a todos los funcionarios de la Compañía y deberá ser practicado con periodicidad, con el fin de que cuando haya que aplicarlo realmente, se facilite las operaciones de tal manera, que el tiempo de actuación sea el mínimo y las pérdidas humanas y materiales se eviten al máximo.

Brigadas de emergencia

Se requiere que las empresas cuenten con una organización interna que permita prever y en su caso atender cualquier contingencia derivada de emergencia, siniestro o desastre.

Tipos de Emergencia

a. Incendio
b. Explosión
c. Terremoto o Sismos
d. Derrame de materiales peligrosos
e.. Huracán
f. Inundación
g. Amenaza de Bomba
h. Fugas
i. Fallas de Energía

Definición de Brigada

Las brigadas son grupos de personas organizadas y capacitadas para emergencias, mismos que serán responsables de combatirlas de manera preventiva o ante eventualidades de un alto riesgo, emergencia, siniestro o desastre, dentro de una empresa, industria o establecimiento y cuya Función está orientada a salvaguardar a las personas, sus bienes y el entorno de los mismos.

Tipos de Brigadas de Emergencia

A) brigada de evacuación
B) brigada de primeros auxilios
C) brigada de prevención y combate de incendio
D) brigada de comunicación

Brigada de Evacuación

Las funciones y actividades de la brigada son:

a. implementar, colocar y mantener en buen estado la señalización del inmueble, lo mismo que los planos guía.
b. contar con un censo actualizado y permanente del personal
c. dar la señal de evacuación de las instalaciones, conforme las instrucciones del coordinador general
d. participar tanto en los ejercicios de desalojo, como en situaciones reales
e. ser guías y retaguardias en ejercicios de desalojo y eventos reales, llevando a los grupos de personas hacia las zonas de menor riesgo y revisando que nadie se quede en su área de competencia
f. determinar los puntos de reunión
g. conducir a las personas durante un alto riego, emergencia, siniestro o desastre hasta un lugar seguro a través de rutas libres de peligro

h. verificar de manera constante y permanente que las rutas de evacuación estén libres de obstáculos

i. en caso de que una situación amerite la evacuación del inmueble y la ruta de evacuación determinada previamente se encuentre obstruida o represente algún peligro, indicar al personal las rutas alternas de evacuación

j. realizar un censo de las personas al llegar al puntos de reunión

k. coordinar el regreso del personal a las instalaciones en caso de simulacro o en caso de una situación diferente a la normal, cuando ya no exista peligro

l. coordinar las acciones de repliegue, cuando sea necesario

- Debe formularse por escrito
- Deben tener aprobación de la máxima autoridad de la Empresa.
- Debe ser difundido ampliamente para su condimento general.
- 4. Debe ser enseñado y verificado su aprendizaje.
- Debe ser practicado regularmente a través de "Simulacros".

Elementos que se requieren para elaborar un Plan de Emergencia:

-Datos Generales de la Empresa -Planos de la Empresa -Evaluación y Análisis de Riesgos

-Croquis señalando Rutas de Evacuación, salidas de Emergencia y puntos de reunión

-Croquis señalando la distribución de Equipo Contra Incendio y sus Inspecciones

-Brigadas existentes en la Empresa -Programa de Capacitación a todo el personal -Programa de Simulacros

-Programa y Bitácora de Mantenimiento a Maquinaría y Equipo

- Ubicación de equipo de Primeros Auxilios -Manuales y Procedimientos de actuación por tipo de riesgo
-Sistemas de Alarma (Sistema de Alarma Audible y Visible, Lámparas de Emergencia Detectores de Incendio, Etc.)
-Manuales y Procedimientos para Evacuación y Restablecimiento
-Número de teléfonos para emergencia -Manual de Primeros Auxilios uno de los factores que llega a reducir en gran medida los efectos producidos por un desastre, ya sea natural o humano, es el estar preparado. por este motivo es necesario crear los mecanismos de respuesta al presentarse una emergencia mayor, siniestro o desastre.
Plan de Emergencias

Es un documento en el que se recoge el conjunto de medidas de protección y prevención ya previstas que tienen la finalidad de evitar accidentes en el entorno laboral. En él se involucran todos los directivos y empleados de la empresa, ya que debe tratarse de una serie de acciones coordinadas para reducir costes humanos o materiales antes, durante y después de una emergencia.

Planeación de emergencias

El plan de emergencias es un plan de preparación para prevenir y afrontar adecuadamente las situaciones de emergencia que puedan presentarse en una empresa, con el fin de minimizar el efecto en las personas y en la infraestructura. Este Plan integra un conjunto de estrategias anticipadas, elaboradas gracias a un trabajo en equipo que permite reducir la posibilidad de ser afectados si se presenta la emergencia.

El objetivo del plan de emergencias es el de definir procedimientos para actuar en caso de desastre o amenaza colectiva y desarrollar en las personas destrezas y condiciones, que les permitan responder rápida y coordinadamente frente a una emergencia.

La primera condición para desarrollar el plan de emergencias en una empresa, es contar con una política de la gerencia, que le dé prioridad a la prevención y el control de los riesgos.

Toda empresa necesita definir su plan de emergencias que le permita estar preparada para prevenir y actuar en caso de ser necesario. Las etapas básicas de un Plan de Emergencias son las siguientes:

1.Identificación de las amenazas

Consiste en analizar los tipos de desastres que pueden afectar la empresa como son: incendio y explosión, inundaciones, terremotos, escape de gases, entre otros.

2. Análisis de la vulnerabilidad
Permite identificar qué tan probable es que una amenaza específica se desencadene en una situación de emergencia.

3. **Inventario de recursos**
4. Luego de conocer la naturaleza de las amenazas que tiene la empresa, se definen los recursos con los cuales se cuenta para evitar y atender una emergencia. Con el plan de emergencias, se preparan oportunamente los recursos para la atención de las emergencias.
5. **4. Definición de las acciones**
6. En esta etapa se desarrollan las acciones de capacitación y entrenamiento y la gestión operativa para llevar a cabo el Plan de Emergencias.
7. **5. Conformación de las brigadas de emergencia y grupos de apoyo**
8. Estos grupos conformados por personal de la empresa, son entrenados para apoyar las acciones de antes, durante y después de la emergencia.
9. Las brigadas de emergencia y los grupos de apoyo, son un soporte importantísimo del plan de emergencias, para llevar a

cabo las acciones operativas como coordinación de la evacuación, el salvamento y rescate de personas, entre otros.

10. Contar con un efectivo Plan de emergencias ha permitido a muchas empresas prevenir desastres. Es en circunstancias como estas donde se dimensiona el valor de la prevención.

¿Qué es el Plan de Evacuación?

El plan de evacuación hace parte del Plan de Emergencias y consiste en definir el procedimiento y las rutas de evacuación para que las personas protejan su vida mediante el desplazamiento organizado hasta lugares de menor riesgo.

En una situación de emergencia es necesario que todas las personas de la empresa, incluyendo los visitantes, conozcan cómo actuar y por dónde salir en caso de ser necesario. Es muy importante que usted conozca las rutas de evacuación de su área de trabajo y de su empresa.

Objetivos del plan de emergencias

a. Protección de las vidas

b. Protección de la propiedad

c. Restauración de las actividades y operación normal

Peligros que amenazan las instalaciones

a.   Fuego

b.   Explosión

c.   Amenaza de bomba

d.   Disputa laboral (Paros)

Puntos clave en un plan de emergencias

a.   Política

b.   Determinación del riesgo frente al peligro involucrado

c.   Estructura de la organización de emergencia

d.   Descripción y detalles relacionados con las instalaciones de emergencia

e.   Listado de equipos y suministros de emergencia

f.   Listado de convenios de asistencia mutua (Grupos de Apoyo)

g.   Procedimientos de término

h.   Procedimientos de evacuación

Liderazgo en el plan de emergencias

El liderazgo y la dirección son elementos prioritarios en la conducción exitosa de un programa de emergencia.

El Director de Seguridad no sólo debiera estar involucrado en la planificación de la emergencia, sino que normalmente, la organización de la misma se constituye en torno a fuerza de seguridad.

Características del director de emergencias

a.   Debe ser un miembro del primer nivel de la Administración

b.   Es responsable por la coordinación con agencias externas o compañías colaboradoras.

c.   Tendrá la autoridad para declarar un estado de emergencia

Responsabilidades del jefe de emergencias

a.   Clasificar la emergencia y la acción inicial

b.   Activar el equipo de emergencia

c.   Ordenar el cierre

d.   Ordenar la evacuación

e.   Hacer los anuncios de la emergencia

f.   Solicitar la ayuda mutua

g.   Coordinar las acciones de emergencia

Responsabilidades claves de la seguridad

a.   Control de acceso

b.   Control de tráfico y peatonal

c.   Protección de vidas

d.   Protección de propiedad

e.   Prevención de robo

f.   Control de evacuación

g.   Asistencia de primeros auxilios y rescate

h.   Protección de información vital

i.   Control de áreas peligrosas

j.   Combate de incendios

k.   Establecimiento de las comunicaciones con las agencias externas

Implementación del plan de emergencias

Cada compañía industrial, sin importar su tamaño, debe establecer una organización interna capaz de proteger la vida y la propiedad durante el tiempo de cualquier emergencia.

El primer paso al establecer una capacidad de emergencia (Reacción) dentro de una instalación, debe ser asignar un coordinador de emergencias en el ámbito corporativo

Responsabilidades coordinador de emergencias

a.   Crear la organización de emergencia

b.   Desarrollar los planes de emergencia

c.   Tomar las medidas preparativas

d.   Supervisar el reclutamiento y entrenamiento del personal

Elementos y anexos del plan de emergencias

Elementos:

a.   Autoridad

b.   Tipos de emergencia

c.   Plan de ejecución

Anexos:

a.   Planos

b.   Diagramas de procedimientos

c.   Lista de llamados

d.   Listado de recursos locales

e.   Convenios de ayuda mutua

f.   Glosario de términos

g.   Una lista completa de chequeo para el cierre por emergencia y control de desastres.

h.   Planes de entrenamiento del personal para implementar los procedimientos de cierres por emergencia.

i.   Técnicas y el control para minimizar la pérdida de la propiedad durante un desastre

Consideraciones especiales

Los nuevos empleados debieran ser informados de la existencia de un plan de desastre, tan pronto inicien su carrera en la Compañía

"Registros vitales " son aquellos necesarios para la subsistencia del negocio de la empresa.

Los siguientes registros son considerados fundamentalmente necesarios para cualquiera organización corporativa:

a. Certificado de constitución

b. Reglamentos

c. Libro de actas de Accionistas

d. Libro de actas de Directores

e. Minutas

f. Algunos registros financieros corporativos

El plan de protección de registros vitales deberá ser probado al menos una vez al año.

Las pruebas de los programas de registros vitales sirven para verificar que los registros necesarios después de cada desastre son:

1. Actuales
2. Suficientemente protegidos contra desastres naturales, detonaciones nucleares y otros peligros
3. Recuperables según sea necesario en forma utilizable

Tipos de emergencias

a.   Incendios forestales

b.   Huracanes

c.   Inundaciones

d.   Tornados

e.   Tormentas de invierno

f.   Terremotos

Huracanes e inundaciones

La Agencia responsable de notificar las advertencias cuando aparece un huracán que pueda amenazar el territorio norteamericano es el "National Weather Service" (Servicio Nacional de Meteorología)

La planificación de control de inundaciones debiera ser coordinada con el "U.S.Army Corp Of Engineers" (Cuerpo de Ingenieros del Ejército).

Tornados

Los tornados son tormentas violentas con vientos que pueden alcanzar entre las 200 y las 400 MPH. El ancho de un tornado fluctúa entre las 200 yardas a 1 milla y viaja entre 5 y 30 millas a lo largo de las superficies a una velocidad de entre 30 y 70 MPH

Terremotos

Durante el movimiento de un terremoto los empleados deber

ser advertidos de lo siguiente:

a.   Manténgase en el interior si ya está en el lugar

b.   Cúbrase bajo mobiliario o estructura firme

c.   Manténgase cerca del centro de la edificación

d.   Aléjese de ventanas de vidrios y puertas

e.   No corra a través de edificaciones donde exista un riesgo o peligro de la caída de desperdicios

Desastres provocados por el hombre

a.   Incendio de plantas

b.   Accidentes químicos

c.   Accidentes de transporte

d.   Demostraciones públicas o disturbios callejeros

e.   Amenazas de bomba

f.   Sabotaje

g.   Accidentes radiológicos

h.   Ataques nucleares

i.   Huelgas o disturbios laborales

Incendio de plantas

El aspecto más importante de los planes para paliar los incendios de planta es el desarrollo de los convenios de coordinación ayuda mutua.

La necesidad individual más importante para combatir los incendios de planta no es el recurso humano o los equipos, sino la habilidad para responder rápidamente y confinar el fuego a límites manejables.

Accidentes químicos y de transporte

El Departamento de Transporte de los Estados Unidos es responsable de regular el movimiento de materiales peligrosos.

Todos los químicos peligrosos transportados interestatalmente deben ser apropiadamente etiquetados para su identificación y cuidado.

Sin importar el tipo de accidente de transporte, la primera consideración debe ser la de salvar vidas.

Disturbios callejeros

Usualmente las emergencias que resultan de demostraciones públicas o disturbios callejeros son aquellas que pueden ser observadas y planificadas en cierto grado a manera de adoptar las medidas de control.

Sabotaje

Los métodos de sabotaje pueden ser identificados como:

a.   Químicos

b.   Eléctricos o electrónicos

c.   Explosivos

d.   Incendiarios

e.   Mecánicos

f.   Psicológicos

Accidentes radiológicos

Una proporción importante de la energía nuclear en una explosión es emitida en la forma de luz y calor, generalmente referido como radiación térmica

Una detonación nuclear produce un pulso electromagnético (EMP) algunas veces llamado "destello de radio" que puede afectar grandes superficies. Este pulso es fácilmente atraído por material conductivo, dañando cualquier equipo eléctrico o electrónico conectado a dicho material.

Ataque nuclear

Las partículas de desintegración de una explosión nuclear emiten principalmente radiaciones Alfa, Beta y Gamma. La radiación Gamma es la de mayor preocupación, puesto que no puede ser detectada por ninguno de los sentidos humanos, es altamente penetrante y dañina para las células vivas.

Amenaza de bomba

La experiencia muestra que el 95 % de todas las amenazas escritas o telefónicas son falsas. Sólo un 5% de ellas es real, conocido como la regla del 5%.

Acciones a seguir por amenaza de bomba

a.	Mantenga la línea libre

b.	Solicite al amenazante indicarles la ubicación de la bomba y el momento o la hora en que esta detonará.

c.	Características peculiares en la voz del amenazante

d.	Registre el tiempo exacto de la conversación

e.	Notifique al Departamento de Seguridad como también a las Agencias respectivas

Evacuaciones por amenaza de bomba

La decisión de evacuar un edificio frente a una amenaza de bomba debiera ser tomada por un miembro senior de la Administración o por el Gerente de la Planta

Dos factores que juegan un rol principal en la decisión de evacuar son:

a.	Si la bomba sospechosa ha sido efectivamente ubicada

b.	Si hay alguna otra evidencia apremiante que haga pensar en la validez de la amenaza.

Consideraciones adicionales

a.   El Gerente de Planta debe adoptar la decisión de quién debe efectuar la búsqueda de la bomba.

b.   Si la amenaza ocurre durante horario de oficina, el área deberá ser inspeccionada por los empleados correspondientes a ese sector

    c.   Cuando el objeto sospechoso es identificado no debe ser tocado, excepto por aquellos especialmente capacitados en procedimientos de disposición de bombas

d.   Al encontrar un objeto sospechoso, el área debe ser evacuada dentro de un área mínima de 300 a 400 pies en todas sus direcciones.

Preparación civil

Para efectuar una advertencia con respecto a un ataque extranjero, el Estado Federal y los Gobiernos locales mantienen un sistema nacional de advertencia

El Centro de Advertencia Nacional está ubicado en el Comando Norteamericano de Defensa Aérea (NORAD), en Colorado Springs, Colorado

El sistema de irradiación de emergencia "Emergency Broadcast System (EBS) está compuesto por estaciones de radio y televisión gubernamentales y está diseñado para transmitir mensajes presidenciales de emergencia o información y noticias nacionales estatales o locales, información e instrucciones al público en un amplio rango de contingencias de emergencia.

Huelgas

Una de las decisiones tempranas más importantes a llevar a cabo por la administración es el cierre o la continuidad de las operaciones.

Si el cierre es iniciado, la fuerza de seguridad será requerida para la protección de la propiedad.

Si la planta permanece abierta durante la huelga, los siguientes puntos serán importantes de considerar:

a.   El Sindicato y sus miembros están protegidos por la ley federal

b.   La compañía no puede comprometerse en actividades para romper la huelga.

c.   La Junta Nacional de Relaciones Laborales proporcionará árbitros independientes para observar las actividades en ambos lados.

d.   El oficial de seguridad debe mantener una postura profesional e imparcial durante la huelga

Se debe elaborar programa de Simulacros de Evacuación y llevarlos a cabo.

Simulacros

Un simulacro es la representación y ejecución de respuestas de protección. Realizado por un conjunto de personas ante la presencia de una situación de emergencia ficticia. En él se simulan diferentes escenarios, lo más cercano a la realidad, con el fin de probar y preparar una respuesta eficaz ante posibles situaciones reales de desastre llevarlos a cabo.

Etapas de un Simulacro

1. Integración del equipo de trabajo
2. Motivación y sensibilización
3. Diagnóstico de vulnerabilidad.
4. Planeación con base en el diagnóstico
5. Capacitación de brigadas
6. Organización
7.- Puesta a prueba del Simulacro
8.-Evaluación de ejercicio de simulaciones y simulacro

Al diseñar un simulacro, los responsables se deben guiar por los siguientes principios:

1. Debe responder a los propósitos establecidos en el Plan de Emergencia.

2. Debe ser ejecutable por medio de técnicas conocidas, personal entrenado y equipado dentro de un plazo aceptable.

3. No poner en riesgo a la comunidad y los grupos de respuesta que intervienen en él.

4. Realizado en circunstancias lo más cercano a la realidad.

5 Observar el debido control y ejercicio de las variables en el simulacro, a fin de no perturbar las actividades normales de la comunidad circundante.

Procedimiento de Evacuación

Activar el sistema de alarma de Emergencia

Al escuchar el sonido de alarma:

Todo el Personal Deberán evacuar las áreas ocupadas, solicitándoles que en forma ordenada y aprisa (sin correr) abandonen las instalaciones por las salidas de emergencia. En caso de tener equipo eléctrico a su cargo apagarlo, y dirigirse a los puntos de reunión.

Procedimiento de Evacuación

Verificar que ninguna persona haya quedado en el inmueble o instalación excepto personal integrante de brigadas

Conducir a visitantes y proveedores, evacuen las áreas de trabajo hacia las áreas de protección junto con las personas que los están atendiendo.

Durante el simulacro se tendrá vigilancia para evaluar en cada área el desempeño de las personas (tomar tiempos de respuesta, actitudes de las gentes, acciones a modificar que salieron mal, etc.)

El Coordinador del simulacro Informará que el simulacro tendrá una duración de no más de TRES(3min) que deberá ser mejorada hasta obtener el menor tiempo y que sea segura la evacuación

La Brigada de Evacuación Deberá tener a la mano una lista de chequeo de todo el personal del área a su cargo o asignada a él, y pasar lista de presentes en el punto de reunión. El Coordinador del Simulacro Informará del retorno a las áreas una vez terminado el simulacro.

Cuando se anuncie el retorno a las áreas de trabajo - debe verificar:

- retorno del personal en forma disciplinada
-verificar si existe personal ausente (que no regreso), investigando donde se encuentran.
-El tiempo requerido para la evacuación no debe ser mayor a (3)tres minutos.

-El resultado del simulacro de evacuación debe darse a conocer, con el fin de que el personal conozca cuales son los puntos a mejorar, y como, y quien debe participar en su solución y cuando.

FORMATO DE ELABORACION PLANES DE EMERGENCIA

1.- SITUACION
  A.- SITUACION GENERAL
    1.. INFORMACION GENERAL

NOMBRE DE LA EMPRESA	:
UBICACIÓN	:
AREA	:
AMBIENTE SOCIO – ECONOMICO	:
SECTOR	:
ACTIVIDAD ECONOMICA	:
EDIFICION/PLANTAS/ PISOS	:
ESTRUCTURA	:
PERIMETRO (Instalaciones aledañas, descripción tipo y actividad)	:
INSTALACIONES ESPEC.	MOTOBOMBA
	PLANTAS:
	ASCENSORES:
	A/A :
	COMBUSTIBLES:
	CALDERAS:
FLUJO PERSONAS/VEHIC.	:
LIMITES	: NORTE
	: SUR
	: ESTE
	:OESTE

2. ORGANIZACIÓN

DEPENDENCIA/LOCALES	No EMPLEADOS	TURNOS / HORARIOS

3.INVENTARIO DE RECURSOS

EXTINTORES		CAMILLAS	
HIDRANTES		TRANSPORTE	
GABINETES C/INC.		SISTEMA DE ALARMAS	
RED CONTRA INCEND.		SISTEMAS DE DETECCION	
HERRAMIENTAS		PUERTAS DE EMERGENCIAS	
DOTACION BRIGADAS		AREAS DE REUNION	
BOTIQUINES		PLANES DE EMERGENCIAS	

INVENTARIO DE EXTINTORES

TIPO A		CO2	
TIPO B		SOLKAFLAM	
TIPO C			
TIPO ABC			

4. ENTIDADES DE SOCORRO Y SERVICIOS PUBLICOS

ENTIDADES	UBICACIÓN / No TELEF. / TIEMPO
BOMBEROS	
POLICIA	
ANTI EXPLOSIVOS	
TRANSITO	
CRUZ ROJA	
DEFENSA CIVIL	
ELECTRIFICADORA	
EMPRESA DE GASES	
ACUEDUCTO	
AMBULANCIAS	
CLINICAS CERCANAS	

5. OTROS ASPECTOS DE INTERES

<table>
<tr><td></td></tr>
<tr><td></td></tr>
<tr><td></td></tr>
</table>

B. SITUACION PARTICULAR

1. PANORAMA DE RIESGOS

IDENTIFICACION DE LA AMENAZA

DEPENDENCIA /LOCALES	TIPO DE AMENAZA O RIESGO	CLASIFICACION DE LA AMENAZA	DESCRIP CION

PLANES DE EMERGENCIAS

EMPRESA: ___________________________________

ELABORADO POR: _______________________________

1.- SITUACION

   A. GENERAL

<table>
<tr><td></td></tr>
<tr><td></td></tr>
<tr><td></td></tr>
</table>

B. PARTICULAR

2.- MISION

3.- EJECUCION

A. CONCEPTO DEL PLAN

El plan se desarrollara en cuatro fases, así:

PRIMERA FASE DETECCION	
SEGUNDA FASE : ALARMA	
TERCERA FASE: ALISTAMIENTO	
CUARTA FASE : EJECUCION	

A. INSTRUCCIONES DE SEGURIDAD

B. CONFORMACION DE BRIGADAS
BRIGADA DE BOMBEROS

EMPLEADO	DEPENDENCIA	ELEMENTOS	EXTINTOR

BRIGADA DE EVACUACION

EMPLEADO	DEPENDENCIA	ELEMENTOS	TURNO

BRIGADA DE PRIMEROS AUXILIOS

EMPLEADO	DEPENDENCIA	ELEMENTOS	TURNO

BRIGADA DE VIGILANCIA

EMPLEADO	DEPENDENCIA	ELEMENTOS	TURNO

BRIGADA DE DEMOLICION

EMPLEADO	DEPENDENCIA	ELEMENTOS	TURNO

BRIGADA DE BUSQUEDA Y RESCATE

EMPLEADO	DEPENDENCIA	ELEMENTOS	TURNO

La gravedad de la contingencia durante su control y posibles consecuencias El desarrollo de una emergencia es:

1-conato de emergencia

2-emergencia parcial

3-emergencia general

Ante la posibilidad de una emergencia se deben tener disponibles y actualizados en todo momento Los recursos humanos técnicos y materiales

El personal de seguridad debe:

Tener el máximo conocimiento de las instalaciones de la empresa que vigila Identificar los equipos contra incendios y verificar que se le de mantenimiento Conocer el manejo y ubicación de los sistemas de alarma

Conocer las salidas de emergencia y puntos de reunión de seguridad

Tener contacto con protección civil y brigadas internas para conocer el plan de emergencias Tener directorio telefónico interno y de los cuerpos de emergencia actualizado

Identificar actos y condiciones inseguras en las instalaciones y personal de la empresa Informar siempre por medio de reportes las anomalías que se presenten

Proponer medidas preventivas

Vigilar el cumplimiento de las normas y procedimientos contra riesgos en la empresa

El personal de seguridad al detectar y durante una emergencia debe:

Conservar la calma

Actuar con rapidez y oportunidad

Mantener la calma del personal de la empresa informándolo de la situación Solicitar apoyo interno y externo informando de la emergencia

En caso de evacuar las instalaciones apegarse al procedimiento de control de emergencias y consignas específicas

Evitar dar información a la prensa si no está autorizado.

Después de una emergencia el personal de seguridad debe:

Inspeccionar las instalaciones y área de emergencia para garantizar la seguridad del personal y el patrimonio de la empresa

Verificar que los equipos de emergencia queden listos para funcionar

Evaluar los acontecimientos y proponer acciones correctivas y preventivas a la empresa para evitar que suceda de nuevo otro evento igual

Preparar un reporte de novedades en el que se detallen los hechos

TERMINOLOGÍA

ACCIÓN

Es la fase en la cual el vigilante pone en práctica sus habilidades y conocimientos, esta actividad incluye si es necesario el uso de armas.

AGENTE GENERADOR DEL RIESGO

Persona, elemento, situación, entidad que actúa o tiene capacidad de actuar y puede ocasionar un riesgo.

ALARMA

Sistema sonoro que permite avisar inmediatamente se accione, la presencia de un riesgo que coloca en peligro la vida en una comunidad.

ALBERGUE DE EMERGENCIA

Instalación temporal para proporcionar refugio durante una crisis.

ALERTA

Anuncio temprano sobre una situación que puede convertirse en una crisis.

AMENAZA

Es la probabilidad de ocurrencia de un suceso potencialmente desastroso durante cierto período de tiempo en un sitio dado. Afirmación o insinuación de que se va a hacer un daño. Expresión de peligro. Toda causa capaz de producir perdidas o daños. Es la acción producida por un agente de riesgo, para atentar contra la empresa en cualquier forma.

ANALISIS DE RIEGO

Proceso mediante el cual se identifican los riesgos y se establece la incidencia que pueda tener en la vida normal de una persona o en las operaciones de una empresa; así como el índice de probabilidades, con el fin de determinar las medidas de seguridad adecuadas tendientes a evitar o minimizar los daños.

ANALISIS DE SEGURIDAD ACTUAL

Es un proceso que se puede llevar a cabo simultáneamente con el análisis de riesgo. Consiste en realizar una inspección detallada de la seguridad física, de los procesos administrativos y productivos, de las instalaciones y de las personas con el fin de detectar las vulnerabilidades.

APOYO PSICOSOCIAL

Servicios destinados a abordar el impacto emocional de una crisis.

AUTORIDAD

Facultad de lograr obediencia. Es otorgada.

BARRERAS DE ENERGIA

Sistema de alarmas y de iluminación protectivas; cualquier dispositivo electrónico que sirve para proteger una instalación, contra la capacidad de penetración de un intruso.

BARRERAS HUMANAS

Son vigilantes, personas encargadas de las dependencias, operarios, etc., que previo entrenamiento, se interponen entre el intruso y lo que quiere proteger.

BARRERAS NATURALES

Son los accidentes y características topográficas naturales, tales como ríos, montañas, quebradas, desfiladeros, etc.; que por sí mismas retrasan el acceso.

BRIGADA

Grupo de personas debidamente organizadas, entrenadas, capacitadas y motivadas para actuar en forma inmediata y eficiente en las emergencias que se presenten. Mismos que serán responsables de combatirlas de manera preventiva o ante eventualidades de un alto riesgo, emergencia, siniestro o desastre, dentro de una empresa, industria o establecimiento y cuya Función está orientada a salvaguardar a las personas, sus bienes y el entorno de los mismos.

BRAINSTORMING,

La metodología empleada que significa lluvia, torbellino o promoción de ideas, método que puede aplicarse tanto a las causas como a las soluciones, mediante la cual, el analista recibe el concepto /solución de diferentes personas conocedoras del problema y las une a las suyas. De este número de alternativas a granel, se escogen las tres más opcionales para dar solución al problema.

CAPACIDAD DE REACCION

Capacidad de los sistemas de protección de la empresa para negar a los agentes de riesgo la oportunidad de actuar contra las personas e instalaciones protegidas, detectar en forma oportuna las señales de peligro o de amenaza y tomar las medidas adecuadas para neutralizar la acción.

CAPITAL HUMANO

Incluye el personal de la organización (liderazgo, directores, gerentes y empleados), los clientes y cualquier otra persona que la organización tenga el deber de proteger.

CAUSA

Aquello que se considera como fundamento u origen de algo. Motivo o razón para obrar.

CENTRO DE GESTIÓN DE CRISIS

Una sala o instalación específica dotada de personal encargado de dirigir, controlar y coordinar el uso de recursos y personal en respuesta a una crisis.

CENTRO DE OPERACIONES DE EMERGENCIA (COE)

Lugar central para coordinar y gestionar respuestas durante una crisis. Instalación central de mando y control responsable de llevar a cabo los principios de preparación y gestión de emergencias, o las funciones de gestión de catástrofes a nivel estratégico durante una emergencia, y de garantizar la continuidad de las operaciones de una organización, subdivisión política u otra organización.

COMAND CENTER

Organizar, Dirigir y prestar apoyo inmediato, cundo la situación lo requiera a personas, Edificios, Instalaciones de una compañía, coordinando con las autoridades y los miembros del grupo de reacción inmediata, en el desarrollo de situaciones que se presenten las 24 horas, analizando y tomando las decisiones más apropiada frente a una eventualidad determinada.

CONCIENCIA DE SEGURIDAD

Es el proceso mediante el cual el personal de la empresa no comprometido directamente con la seguridad coopera cabalmente con el cumplimiento de las normas y procedimiento. Su participación es indispensable para el éxito del proceso de la seguridad.

CONTINGENCIA

Algo que puede suceder o no suceder para lo cual debemos estar preparados.

CONTROL

Es el conjunto de medidas o acciones de protección y medios que se emplean para garantizar la Seguridad

CONTROL DEC ACCESO

Es el conjunto de medidas o acciones de protección y medios que se emplean para garantizar la Seguridad en la entrada, salida y tráfico interno de un puesto, hace parte fundamental de todo programa de Seguridad.

CONTRA-INCENDIOS

Conjunto de acciones y procedimientos a prevenir las causas del fuego, mediante inspecciones y actuar en forma conjunta y organizada para el control del fuego cuando este se presente.

COSO

Control Interno Se integró el Marco declara que el control interno es un proceso:

- establecido por la junta directivo de una entidad, la dirección, y otro personal - diseñado para proporcionar el aseguramiento razonable en cuanto al logro de objetivos indicados.

COBIT

se acerca al control de TI por mirar la información - no la información solamente (justo) financiera - que es necesario para apoyar exigencias de negocio y los recursos asociados TI y procesos. COSO objetivos de control enfocan la eficacia, la eficacia de operaciones, el reportaje confiable financiero, y el cumplimiento con leyes y regulaciones. COBIT es ampliado para cubrir la calidad y exigencias de seguridad en siete categorías de traslapo, que incluyen la eficacia, la eficacia, la confidencialidad, la integridad, la disponibilidad, el cumplimiento, y la fiabilidad de información.

CRISIS

Generalmente se refiere a una situación difícil o peligrosa que requiere una acción inmediata. Puede ser tanto a nivel personal como en un contexto más amplio, como crisis económicas, de salud o de otro tipo. El manejo efectivo de una crisis implica tomar decisiones rápidas y estratégicas para minimizar el daño y encontrar soluciones.

CRONOGRAMA DE ACTIVIDADES

Es el riesgo pormenorizado del plan de acción de los programas de capacitación y entrenamiento, el cual se debe elaborar para un periodo máximo de un año.

COSTO

Es la gravedad del daño ocurrido en un incidente y se valora en forma cuantitativa.

CULTURA DE SEGURIDAD

El conjunto de valores organizacionales que describe cómo se espera que las personas piensen y aborden la seguridad, así como el grado en que adoptan esos valores.

DAÑO

Lesión moral, sicológica o material que sufre una persona, o solo material si se trata de un bien. Es la concesión de un peligro.

DECLARACIÓN DE EMERGENCIA

Anuncio oficial que otorga poderes extraordinarios para hacer frente a una crisis.

DEBILIDAD

Es una falla en el sistema de seguridad:
vigilancia escasa, recorridos rutinarios, poco entrenamiento de escoltas y vigilantes, falta de supervisión, carencia de redes, de información etc.

DEPARTAMENTO DE SEGURIDAD

Es el órgano o estamento de las empresas privadas o públicas, encargado de la protección y seguridad de las personas, patrimonio y negocios de la empresa o grupo empresarial para el cual se ha creado, mediante la utilización de recursos privados

DESASTRE

Es el daño o alteración grave de las condiciones normales de la vida, causada por fenómenos naturales o acción del hombre en forma accidental.

DESASTRE NATURAL

Evento catastrófico causado por fuerzas naturales.
Ocurrencia de fenómenos severos de la naturaleza. Sucesos tales como terremotos, tsunamis, erupciones volcánicas, huracanes, inundaciones, movimientos de masa, entre otros, han sido considerados directamente como sinónimos de desastre.

DIAGNÓSTICO SEGURIDAD

Estudio o análisis de seguridad, que incluye la evaluación de riesgos y vulnerabilidades, las necesidades de seguridad.

DIRECTOR

La definición de director hace referencia a la Persona que tiene la facultad, capacidad, virtud o eficiencia de dirigir o liderar algo especifico, este se aplica a personas y es usado también como sustantivo.

DISUADIR

Crear en el adversario un sentido de impotencia ante nuestra seguridad.
Ejemplo: etiquetas disuasivas en instalaciones y vehículos.

EFECTO

Es el resultado, el fin, la conclusión, la consecuencia, lo que se deriva de una causa, de ahí proviene el principio fundamental causa-efecto.

ELEMENTOS EN RIESGO

Son la población, los edificios y obras civiles, las actividades económicas, los servicios públicos, las utilidades y la infraestructura expuesta en un área determinada (Elements at Risk).

EMERGENCIAS.

Pueden ser definidas como circunstancias inesperadas combinadas para crear situaciones que requieren acción inmediata. Aunque las emergencias son más serias que las situaciones de rutina, estas son menos graves que contingencias, crisis, catástrofes y desastres.

EMERGENCIAS NATURALES

Se enmarcan dentro de estos planes, las situaciones que por la naturaleza producen riesgos, teniendo en cuenta que alguno de ellos, también pueden ser producidos por el hombre: Terremotos, temblores, avalanchas, inundaciones, huracanes, maremotos, etc.

ESCALADA DE ACONTECIMIENTOS.

Situaciones que pueden tornarse críticos sin el adecuado seguimiento. Pueden ser tanto consecuencias de la crisis inicial, como situaciones aisladas que se vuelven visibles por el contexto.

EMPRESA

Es un conjunto de recursos (humanos, financieros, tecnológicos y materiales) que van en busca del logro de objetivos comunes.

EPICENTRO
Punto central o de mayor intensidad de una crisis.

ESTUDIO DE SEGURIDAD
Es un estudio detallado que se hace a persona, inmuebles y bienes determinados, con el fin de identificar la amenaza, descubrir las vulnerabilidades, detectar y calificar los riesgos, conocimiento base para elaboración de planes de seguridad

EVACUACIÓN
Desplazamiento seguro de personas fuera de áreas en riesgo durante una crisis.

EVALUACIÓN DE RIESGOS
Identificación y análisis de posibles amenazas antes de que se conviertan en crisis.

EVIDENCIAS
Señales o rastros que se presenten, con el fin de comprobar las circunstancias y modalidad de un hecho punible o accidente, descubrir el autor o autores, demostrar su presencia allí y por ende su participación frente al hecho que se investiga, aportando elementos de juicio para probar la responsabilidad.

FACTOR DE RIESGO
Es la condición característica o circunstancia de un sujeto u objeto que aumenta el nivel de riesgo. Situaciones, hechos, manifestaciones, actitudes, comportamientos, conductas o decisiones, voluntarias inconsciente o inocente, puede comprometer la seguridad.

FUEGO
Químicamente, el fuego se trata de una reacción de oxidación entre una sustancia inflamable (combustible) y otra oxidante, llamada comburente (el oxígeno), en presencia de una cierta energía de

activación; este proceso exotérmico, (una vez producida la reacción), Libera calor.

GERENTE

La palabra gerente no tiene el mismo contenido ni se refiere a la misma figura dentro de la empresa en las diferentes culturas y en los distintos países. El gerente, en términos de organigrama, es el gran jefe, la máxima autoridad por debajo del Consejo de Administración, el Consejero Delegado o el Empresario- dueño de la sociedad o el negocio.

INDICIO

En seguridad es una señal de la probable ocurrencia de una acción dañina contra el "estado de seguridad" que le son propios a una persona, proceso, valores o instalación.
El indicio es el primer peldaño que mueve una posibilidad hacia el estado de probabilidad.

INCIDENTE O EVENTO

Acontecimiento, hecho o acción que se produce y en el cual están en peligro las personas y las cosas

INSPECCION DE SEGURIDAD

Actividad encaminada a comprobar el grado de cumplimiento de las normas de seguridad vigente. También verifica la ejecución d las recomendaciones hechas en el estudio de seguridad o en inspecciones de seguridad anteriores.

INSPECCION TECNICA

Revisión exhaustiva se hace de una instalación o equipo con el fin de detectar la presencia de dispositivos mecánicos o electrónicos colocados por intrusos con el fin de provocar actos de sabotaje o lograr el conocimiento de información clasificada.

LIDERAZGO

Cualquier acto de influencia sobre las personas con el fin de lograr que objetivos importantes para la empresa, se hagan dentro de la mejor eficiencia, economía y bienestar.

PREVENCIÓN Y MANEJO DE DESASTRES

Proceso que se pone en marcha para hacer frente a cualquier emergencia que pueda producirse. Puede ser desde una catástrofe natural, como un huracán o un tornado, hasta una catástrofe de origen humano, como un atentado terrorista. Los equipos de emergencia se implican a lo largo de todo el ciclo de vida de la emergencia, desde la prevención, la respuesta y la evaluación posterior a la emergencia.

MANEJO DE CRISIS

Cuando el desarrollo normal de las actividades se ve alterado por cualquier suceso de seguridad, se entra en crisis, entre estas tenemos: Actos terroristas, secuestros, homicidios, atentados, huelgas, sabotajes, amenazas, accidentes dentro del puesto. Generalmente se elabora por parte de la empresa lo que se conoce como M.O.S. Manual de Operaciones de Seguridad, que son las normas y procedimientos que se deben emplear para cada una de las probables situaciones que se puedan presentar en el puesto.

MEDIDAS DE SEGURIDAD

Son las respuestas a toda actividad que se desarrolla en una organización, para garantizar el éxito de las acciones y reducir el riesgo propio de ella.

MEDIDAS ACTIVAS

Todos los mecanismos. Medios y elementos que mediante su uso o actividad, permiten mantener o ampliar el nivel de seguridad.

MEDIDAS PASIVAS

Medios o elementos inherentes e inertes que permiten ampliar el nivel de protección con su sola presencia.

MEDIOS

Los medios técnicos son los recursos que están enfocados a disuadir, detener o al menos, retardar o canalizar la progresión de la amenaza. El incremento del tiempo que estos elementos imponen a la acción agresora para alcanzar su objetivo resulta, en la mayoría de las ocasiones, imprescindible para que se produzca en tiempo adecuado la alarma-reacción.

MEDIOS TÉCNICOS PASIVOS, SEGURIDAD FÍSICA

Los medios técnicos pasivos están enfocados a disuadir, detener o al menos, retardar o canalizar la progresión de la amenaza. El incremento del tiempo que estos elementos imponen a la acción agresora para alcanzar su objetivo resulta, en la mayoría de las ocasiones, imprescindible para que se produzca en tiempo adecuado la alarma-reacción.

MEDIOS TANGIBLES

Son los que impiden el paso al intruso.
*   Barreras Naturales
*   Barreras Estructurales
*   Barreras Animales
*   Barreras Electrónicas
*   Iluminación
*   Vigilantes

MEDIOS INTANGIBLES

Son los que disuaden al delincuente.

MISIÓN

Objetivos generales y particulares del plan, se incluyen las políticas de la empresa y tareas para el logros de los objetivos.

MITIGACIÓN

Acciones preventivas tomadas para reducir el impacto de una crisis.

NORMA

Es el conocimiento técnico que regula un procedimiento a implantar en una organización de obligatorio cumplimiento a quienes va dirigida u orientada.

OPERACIONES DE SEGURIDAD

Brindar servicios de gestión, técnicos y administrativos para implementar controles de seguridad y estrategias de gestión de seguridad.

PLANIFICACION

Llevar a cabo un objetivo determinado con la previsión de todos o los principales factores que se consideran importantes para la consecución del mismo. "elaboración de un proyecto, idea o propósito".

PLAN PARA EMERGENCIAS

Conjunto de procedimientos y acciones que se deben seguir y practicar en situaciones que genere riesgo parcial o total que pueda afectar la vida y/o la integridad física de las personas y de los bienes de la comunidad empresarial o social.

PRIMEROS AUXILIOS

Son los cuidados inmediatos pero provisionales, que se brindan a las personas accidentadas o con enfermedad repentina antes de ser trasladadas a un centro asistencial.

PUNTO DE ENCUENTRO

Es el sitio de seguridad escogido para congregar a las personas provenientes de una zona de evacuación.

PLAN DE CONTINGENCIA

Estrategias y acciones previamente preparadas para afrontar una crisis.

PLAN BASICO DE VIGILANCIA

Es el básico de Vigilancia, este se hace con base en el estudio de seguridad que la empresa hace con antelación a recibir el puesto, determinando los riesgos, Vulnerabilidades, fortalezas, hombres necesarios, armamento, equipo, controles y funciones.

PELIGRO

Es la inminencia de la ocurrencia de la acción dañina. Constituye el último peldaño de la posibilidad a la probabilidad de la ocurrencia de la acción dañina. La acción dañina es inminente.

POSIBILIDAD

Capacidad física, moral o material que tiene un actor primario o agente dañino de producir daño.

PREPARACIÓN

Proceso de planificación y organización antes de una crisis.

PREVENCION

Conjunto de acciones que al ser ejecutadas van a disminuir la probabilidad y la incidencia y con las acciones que se toman para combatir el incidente cuando ocurra, para garantizar la continuidad de las actividades.

PROTEGER

Amparar, Defender, Auxiliar o favorecer a alguien o a algo.

PROTECCION

Es un sistema de seguridad organizado en un entorno de una persona o de un espacio físico determinado, que nos permite el control de todo lo que suceda a su alrededor. Con el fin de evitar la comisión de un atentado contra esa persona o bien.

PROTOCOLO DE CRISIS

Procedimientos establecidos para gestionar situaciones críticas.

PROTOCOLO DE SEGURIDAD

Se refiere a las reglas, el conjunto de acciones y/o los procedimientos establecidos para el desarrollo de una actividad. La implementación de los estándares mínimos de calidad que debe cumplir y los aspectos especiales que debe tener en cuenta, para la buena protección tanto a persona, bienes o medios informáticos.

PUNTO O ZONA CRITICA

Lugar donde las circunstancias permiten la existencia de un peligro o facilitan la comisión de un hecho delictivo contra personas o bienes.

REFUGIO DE EMERGENCIA

Lugar designado para protegerse durante una crisis.

RESPUESTA

Acciones tomadas durante una crisis para gestionarla eficazmente.

RECUPERACIÓN

Fase posterior a la crisis, centrada en la reconstrucción y la normalización.

RIESGO

Probabilidad o posibilidad de que se produzca un accidente: incendio provocado, hurtó, sabotaje, intrusión, secuestro, asesinato, otros.

RIESGO ESPECÍFICO

Es el grado de pérdidas esperadas debido a la ocurrencia de un suceso particular y como una función de la amenaza y la vulnerabilidad ((Specific Risk).

RIESGO TOTAL

Se define como el número de pérdidas humanas, heridos, daños a las propiedades y efectos sobre la actividad económica debido a la ocurrencia de un desastre, es decir el producto del riesgo específico Rs, y los elementos en riesgo (Total Risk).

RESILIENCIA

Capacidad de recuperación y adaptación frente a una crisis.

SEGURIDAD

Todo lo que hacemos para evitar riesgos y peligros.

SEGURIDAD EN LAS COMUNICACIONES Y SISTEMA

Es el conjunto de normas y medidas que se toman con el objeto de impedir la interpretación de las mismas, así como protegerlas de una interferencia, análisis de tráfico o engaño por imitación

SEGURIDAD DE INFORMACION

Conjunto de procedimientos encaminados a impedir la divulgación y conocimiento por parte de personal no autorizado documentos o material que puedan perjudicar el funcionamiento de la organización.

SEGURIDAD FISICA

Medidas físicas concebidas para salvaguardar al personal, impedir el acceso no autorizado al material (equipo, instalaciones y documentos) y proporcionar protección contra el daño, sabotaje o el hurto.

SEGURIDAD PERSONAL

Actividad orientada a la protección del personal contra presuntos ataques o presiones externas o transbordo ideológico inadvertido; busca detectar dentro de este personal posibles elementos hostiles que perjudiquen la misión de la organización. Es decir, infiltraciones o penetraciones.

SEGURIDAD TÉCNICA

Es una medida de seguridad que se centra en la protección de los sistemas y datos físicos y electrónicos. Está diseñada para prevenir o mitigar los ataques que explotan las debilidades de la seguridad del sistema. Las medidas pueden incluir el uso de sistemas de detección/prevención de intrusiones y medidas de seguridad electrónica como controles de acceso, alarmas, circuitos cerrados de televisión (CCTV), concertinas, mallas, barreras de parqueadero y cerraduras etc.

SITUACIONES DE CRISIS

Se define a las crisis organizacionales como contextos inesperados que alteran la normalidad de la empresa o institución y que pasan a ser del dominio público, representan una amenaza para la reputación de la misma; estas crisis afectan físicamente a la totalidad del sistema.

SITUACIÓN GENERAL

Es el conocimiento de la organización interinstitucional, las instalaciones, inventarios y otros aspectos que son de importancia para el planeamiento.

SITUACIÓN PARTICULAR

Es el análisis general y particular que se hace del puesto, con respecto a los riesgos reales existentes.

VIGILANTE

Persona que trabaja para una empresa de seguridad privada con armas o si ellas y que, entre otras funciones, ejerce la vigilancia y protección de bienes, establecimientos, lugares y eventos, así como la protección de las personas que puedan encontrarse en los mismos.

VIGILANCIA

Acción de OBSERVAR un sector determinado o asegurado.

VIGILAR
Acción de OBSERVAR un sector determinado o asegurado.
BAJO PERFIL

- No demostrar la verdadera importancia de la persona o elemento que protegemos.

VIGILANCIA FÍSICA
El servicio de vigilancia y seguridad privada que se presta en las diferentes áreas, sin armas de fuego, pero pueden ser prestados eventualmente con medios tecnológicos, caninos, bastones de mando, vehículos, comunicaciones, armas no letales y cualquier otro elemento.

VULNERABILIDAD
Es el grado de pérdida de un elemento o grupo de elementos bajo riesgo resultado de la probable ocurrencia de un suceso desastroso, expresada en una escala desde 0 o sin daño a 1 o pérdida total.

Punto físico, aspecto personal o comportamiento suficientemente débil que permite ser aprovechado por otros individuos, que puede ser herido o dañado. Que se puede quebrantar o perjudicar.

TRABAJO EN EQUIPO
Es un conjunto de personas que cooperan para lograr un solo resultado genera

TIEMPO DE SALIDA
Es el tiempo de evacuación, que se mide hasta cuando sale la última persona.

TOMA DE DECISIONES
Se define como *la selección de un curso de acción entre una serie de alternativas.*

BIBLIOFRAFÍA

-Sosa González Rafael Darío-Manual de Seguridad Comercial.2007

-Sosa González Rafael Darío- Manual Avanzado de Seguridad Empresaria. 2021

-Sosa González Rafael Darío Manual Seguridad Integral.2023

-Que es riesgo, Diccionario de la lengua castellana

-Francisco Coll Morales: Directivo

-Funciones y responsabilidades del director general: Decana Casilda Güell- OBS búshines School.

-Manual de Manejo de Crisis, Empresa de desarrollo sostenible. Centro de entrenamiento Político CAEP.Edeso

-Manual de Manejo de Crisis del ICETEX (2010), como al Manual de Manejo de Crisis y Comunicaciones Estratégicas de la Unidad para las Victimas (2016)

-Habilidades Directivas: Inteligencia Emocional: Escuela de Organización Industrial EOI: Iván Alende-

-El emprendedor multitareas: Richard Branson- Fundador de Virgin Group-

-Principios del ADN Empresarial y Organizacional: Jesús A. Lacoste: CEO & Founder Soy Digital Network. Columbia Business School.

-La Cultura de la Resiliencia: José Alberto Martínez González: - Escuela Universitaria de Turismo Iriarte, Universidad de La Laguna-España.

-La Cultura de la Resiliencia: José Luis Alonso González – http://metaforum.es/

-Trabajo bajo Presión: Ing. Iván Orozco Paredes-Ecuador

- La importancia de la planeación financiera para el crecimiento de una empresa: Grupo Financiero Base.

- Habilidades ideales en un director financiero: Grupo Financiero Base.

-Errores Comunes que todo director Financiero debe Evitar: Grupo Financiero Base.

- Afilar el Hacha: el Método Gallardo.

- Afilar el Hacha: Alberto Blázquez Guzmán- abcoach.

- Recomendaciones para la Gestión de los Riesgos Extorsión y Secuestro: CME - Seguridad y Derechos Humanos.

- Directivos Post Covid-19: camino rodríguez: search de ackermann international.

- Resiliencia humana: las personas y sus necesidades ante el COVID-19: Gastón Carrión -   Managing director Talent & Organizational. Accenture Research.

-Comunicación Empresarial, Fabio Echeverry Correa, ANDI. 1991.

- El proceso de análisis de problemas y toma decisiones. Articulo Alexis cocina Jiménez

-Triple Bottom Line Risk Management.Adrian R. Bowden Malcolm R. Lane Julia H. Martin.John Wiley & Sons, Inc.

- Román Meza Zamudior Manual del guardia de seguridad. de estudio guardia de seguridad ITSON

-Bonilla, C. (2002). Prevención y manejo de crisis organizacionales. Razón y Palabra(30).

-ICETEX. (2010). Manual de Gestión de la Comunicación en situaciones de crisis . Bogotá: Ministerio de Educación Nacional .

-Pauchant, T., & Mitroff, I. (1992). Transforming the crisis, prone Organization: preventing individual. San Francisco: Organizational and Environmental Tragedies.

-Pérez Munera, C. (2016). Claves para dirigir en Tiempos de Crisis. Medellín : CAEP - KAS.

-Leadership in War and Crisis: Navigating Complexity, Uncertainty, and Turbulence"* - Gene Klann

-Crisis Management: Leading in the New Strategy Landscape"* - William Rick Crandall, John A. Parnell, John E. Spillan

-Handbook of Crisis and Emergency Management"* - Ali Farazmand

-Leadership in a Time of Crisis: The Dynamics of Disaster Response"* - Arjen Boin, Paul 't Hart

-Crisis Communications: A Casebook Approach"* - Kathleen Fearn-Banks

-Crisis Intervention Strategies"* - Richard K. James, Burl E. Gilliland

ENLACES

- https://safetyculture.com/es/temas/que-es-la-gestion-de-emergencias/
- Áreas de la vida: Paola Sanabria - Juan Avella edu.gcfglobal.org.

- Errores y buenas prácticas de seguridad para directivos: securitas.es

- Seguridad para directivos: viajes y desplazamientos: securitas.es

- Cuáles son los sistemas de seguridad para empresas: lage.com.mx

- ¿Qué es ciberseguridad y de qué fases consta?: OBS business School.

-Diez Principios para Reducir las Probabilidades de Ocurrencia y Minimizar Frecuencia, Impacto y Severidad de Delitos: Miguel Ángel González es Consultor de Seguridad.

- La negociación, la principal labor de un directivo: Mercedes Úbeda García- Universidad de Alicante.

ACERCA DEL AUTOR

RAFAEL DARIO SOSA GONZALEZ

Oficial de la reserva activa del Ejercito Nacional. De COLOMBIA.

Después de su retiro ha desempeñado los siguientes cargos: director de Seguridad en Servicios (INDUSTRIAS ARETAMA Ltda.). Jefe de Seguridad (COLTANQUES Ltda.). Director Operaciones (MEGASEGURIDAD LA PROVEEDORA Ltda.) Gerente (Propietario) ESCUELA NACIONAL DE VIGILANTES Y ESCOLTAS (ESNAVI LTDA.), Coordinador Proyecto Seguridad Aeronáutica (COSERVICREA Ltda.), Coordinador de Seguridad Proyecto Aeronáutica (COLVISEG Ltda.).

En el área de la docencia: se ha desempeñado como Docente en el Instituto de seguridad Latinoamericana (INSELA Ltda.) Docente de la Escuela Colombiana de Seguridad (ECOSEP Ltda.) Como Consultor Seguridad, Asesoró en Seguridad en Empresas como: ADRIH LTDA, POLLO FIESTA Ltda., SEGURIDAD ATLAS Y TRANSPORTE DE VALORES ATLAS Ltda., SEGURIDAD SOVIP Ltda.

Entre los estudios realizados: Diplomado en Administración de La Seguridad (UNIVERSIDAD MILITAR NVA GRANADA), Diplomado en Seguridad Empresarial (UNIVERSIDAD SAN MARTIN-ACORE):Diplomado Sociología para la Paz, Derechos Humanos, negociación y Resolución de Conflictos (CIDE-CRUZ ROJA COLOMBIANA-ACORE) Diplomado en Gestión de la Seguridad (FESC-ESNAVI Ltda.) ,Programa maestro en Seguridad y Salud Ocupacional(CONSEJO COLOMBIANO DE SEGURIDAD), Liderazgo Estratégico en Dirección , Gerencia Estratégica en Servicio al Cliente(SENA) ,

Curso Seguridad Empresarial (ESCUELA DE

INTELIGENCIA Y CONTRAINTELIGENCIA BG.CHARRY SOLANO), curso de Seguridad Electrónica básico (A1A), Curso Analista de Poligrafía (Pfisiólogo Poligrafista)Poligrafía Basic Voice Store Análisis (DIOGENES COMPANY), entre otros.

Adicionalmente se encuentra desarrollando Programa de entrenamiento para COACHES en INTERNACIONAL COACHING GROUP (ICG) Y DIPLOMADO PARA COACHING CRISTIANO (METODO CC).

Propietario de la Empresa Security Works www.sewogroup.com. Empresa al servicio de la seguridad y vigilancia privada en Latinoamérica. Actualmente se desempeña como director general SECURITY WORK S.A.S.

AUTOR: 20 Libros Colección de Seguridad entre otros Vigilancia Básico, Avanzada. Escolta Básico, Manual de Manejo Defensivo, Manual de Medios Tecnológicos, Manual Prevención Secuestro, Manual del Supervisor. Impresos con la Casa Editorial Security Works de Venta en todos los Países de Habla Hispana.

LOS TITULOS DE LA COLECCIÓN SEGURIDAD PRIVADA

La colección Seguridad dirigida a profesionales de Latinoamérica, Europa, Israel, etc.

PUBLICADOS

01. Manual Para la Vigilancia Privada Básico.
02. Manual Para la Vigilancia Privada Avanzado.
03. Manual Básico del Supervisor de la Vigilancia.
04. Manual Básico del Escolta Privado.
05. Manual Avanzado del Escolta Privado
06. Manual Seguridad Medios Tecnológicos
07. Manual de Manejo Defensivo.
08. Manual de Vigilancia y Contra vigilancia.
09. Manual de Antiterrorismo.
10. Manual de Seguridad Aeronáutica.
11. Manual de Seguridad sin Recursos.
12. Manual de Seguridad Canina.
13. Manual de Seguridad residencial.
14. Manual de Autoprotección Secuestro
15. Manual de Seguridad Hotelera
16. Manual de Seguridad Hospitalaria
17. Manual de Seguridad Comercial
18. Manual de Seguridad Bancaria
19. Manual de Seguridad Empresarial
20. Manual del Directivo de Seguridad

Visite:

www.sewogroup.com

Representantes y
Distribuidores Visite
la web:
http//Amazon.com

Colección Seguridad Privada
Securityworks
Protección Integral